재미있는
서울 600년
이야기 1

사진제공 김종기 / 마포구청 / 문화재청

재미있는
서울 600년 이야기 1

초판 1쇄 발행 | 2008년 4월 1일
초판 8쇄 발행 | 2014년 1월 10일

글 | 김재덕
펴낸이 | 조병서
펴낸곳 | 도서출판 글사랑
기획·편집 | 백수사 (예종화)
등록 | 1987년 12월 1일 (제8-34호)
주소 | 서울시 마포구 구수동 68-8 진영빌딩 4층
TEL | 02-3274-0187

◆ 잘못된 책은 바꿔 드립니다.
ⓒ 2008 글사랑
　ISBN 978-89-7028-267-1
　ISBN 978-89-7028-266-4(세트)

재미있는
서울 600년 이야기 1

글 김재덕

글사랑

머리말

대한민국의 어린이들에게

대한민국의 수도 서울은 우리 나라의 얼굴입니다. 부산, 광주, 대전 등 우리 나라는 많은 도시들이 저마다의 색깔을 가지고 특색 있게 발전하고 있습니다. 그 중에서도 수도 서울은 600년이란 나이를 먹으며 세계 속의 도시로 우뚝 발전하였습니다.

지금 많은 나라에서 올림픽이 열린 코리아의 서울을 부러운 시선으로 바라보고 있습니다. 그리고 눈부시게 발전한 서울을 배우려고 합니다.

우리 나라의 서울이 600년의 역사를 지니고 있다는 것은 대단한 자랑거리입니다. 미국의 역사는 기껏 230년이 조금 넘을 뿐입니다. 우리 민족의 유구한 역사를 가진 민족임을 다른 나라 사람들은 부러워하고 있습니다.

나는 어린이들에게 600년의 세월이 흐르는 동안 일어났던 재미있는 이야기들을 알려 주고 싶었습니다. 그 속에는 우리 민족이 걸어온 슬픈 이야기도 있고, 생활 속에서 빛나는 우리 조상들의 지혜와 슬기도 엿볼 수 있습니다.
잘못된 일에는 반성할 줄 알고, 또 지혜로운 슬기는 배워야 합니다. 더 나아가 우리의 서울이 세계 속의 서울이 되도록 외국의 어린이들에게도 서울 이야기를 들려주어야 합니다.
이 한 권의 책이 우리 어린이들에게 서울을 이해하는 데 많은 도움이 되기를 기원합니다.

김 재 덕

차례

서울의 유래와 역사 * 12

무학대사와 왕십리 * 22

경복궁의 시련 * 30

예의를 숭상하는 숭례문 * 42

문정 왕후와 태릉 * 50

치마폭에 휘둘린 명종 * 58

조선 사람과 말 * 64

창경궁의 비극 * 74

아, 독립문 * 82

남한산성에서 통곡하다 * 92

잠실의 화려한 변신 * 104

서울 도심 속의 남산 * 110

탑골 공원의 슬픔 * 124

백제 문화 유적지, 몽촌토성 * 138

서울의 젖줄, 한강 * 148

여의도와 한국의 미래 * 166

서울의 유래와 역사

"아빠, '서울 정도 600년'이 무슨 뜻이에요?"

초등 학교 6학년인 딸 문희가 경복궁 담벽에 붙어 있는 대형 플래카드를 보고 물었다.

"그건 서울을 수도로 정한 이후 1994년에 600년이 되었다는 말이야."

나는 승용차를 몰며 인왕산으로 가면서 문희의 질문에 대답했다.

"그럼 저 경복궁도 지은 지가 600년이나 됐어요?"

문희는 평소에도 내게 많은 질문을 해 왔다. 나는 그 때마다 내가 알고 있는 사실이나 지식을 무엇이든 쉽게 설명해 주려고 노력하는 편이다. 그런 탓인지 문희는 궁금한 것이 있으면 언제 어디서나 망설임 없이 물어 왔다.

뒷좌석에는 문희와 정인이가 타고 있었다. 정인이는 초등 학교 4학년이다. 나는 정인이가 서울 정도 600년이 지난 서울에 관하여 알아두어야 할 여러 가지 지식을 가르쳐 주고 싶었다. 그래서 차를 몰고 나와 청와대와 경복궁 등 서울을 한눈에 바라다볼 수 있는 인왕산으로 가는 중이다.

"서울의 역사가 600년이 되었다고 해서 서울에 있는 모든 것이 600년이 되었다는 뜻은 아니야. 어떤 것은 600년이 넘은 것도 있지만, 대부분은 600년이 못 돼. 왜냐하면 그 동안 우리의 서울은 외적의 침입으로 많은 피해를 입어 새로 지은 것들이 많기 때문이지. 경복궁도 600년 세월을 지내오면서 많은 시련을 겪었단다. 태조 이성계 시대에 지어졌던 경복궁은 임진왜란 때 불타 없어지고, 고종 임금 때 다시 지어진 것이 지금 우리가 보는 경복궁의 모습이야. 그렇게 해서 새로 지은 경복궁은 1867년 11월에 완성되었으니까 지금부터 약 150여 년 전의 일이지."

"아빠, 서울을 수도로 정한 사람은 누구예요?"

내 말이 끝나자마자 문희는 기다렸다는 듯이 다음 질문을 했다.

"그야 임금님이 정했겠지, 뭐."

가만히 듣고 있던 정인이가 말했다.

"물론 그렇겠지. 마지막으로 결정하는 사람은 임금님이니까. 그러나 서울이 도읍으로 결정되기까지 여러 가지 재미있는 전설들이 있는데 들어 볼 테냐?"

▲1910년대의 경복궁 : 대원군은 불타 버린 경복궁을 다시 지음으로써 무너진 왕권을 확립하려 했다.

"예, 아빠. 얘기해 주세요."
문희는 운전석 가까이 얼굴을 들이밀며 좋아했다.
"아빠, 도읍이 뭐예요?"
정인이가 물었다. 정인이는 모르는 낱말이 나오면 어떻게 해서든 알려고 했다.
"도읍은 서울이란 말과 같은 거야. 옛날에는 서울을 한양이라고 불렀어. 그래서 간혹 연세가 많은 노인들 중에는 지금도 서울을 '한양'이라고 하는 분이 있단다."
"오라! 그래서 그런 거였군요."
문희는 6학년인데다가 평소에 책을 많이 읽어서 정인이보다는 아는 것이 많았다.

조선의 첫 임금은 태조 이성계다. 이성계의 할아버지는 원나라의 지배 아래 여진인이 살고 있던 지금의 간도 지방에서 지방 관리를 지냈다.

이성계의 아버지 이자춘 역시 원나라의 총관부가 있던 쌍성의 천호로 있었다. 이자춘은 1356년(공민왕 5년) 고려의 쌍성총관부 공격 때에 협조하여 원나라 세력을 몰아내는 데 큰 공을 세웠고, 그 덕분에 처음으로 고려에서 벼슬을 받았다.

이성계는 이러한 집안 배경과 타고난 군사적 재능을 바탕으로 자신의 기반을 굳혀 가기 시작했다.

1361년에는 반란군을 진압하고, 홍건적을 무찌르는 전공을 세웠으며, 그 이듬해에는 원나라 장수 나하추를 물리쳐 크게 명성을 얻었고, 남도 지방에 침입해 백성들을 괴롭히며 약탈을 일삼던 왜구들을 무찔러 큰 전공도 거두었다.

이처럼 이성계는 수많은 전공을 거듭 거두면서 1388년에는 수문하시중을 받았다.

이 해 명나라와의 관계가 극도로 악화되어 고려 조정에서는 친원파(원나라와 친하게 지내던 세력)인 최영을 중심으로 요동 정벌에 나갈 것을 결정했다. 친명파(명나라와 친하게 지내던 세력)였던 이성계는 요동 정벌에 반대했다. 하지만 그의 의견은 받아들여지지 않았다.

왕명을 받은 이성계는 할 수 없이 10만의 군사를 이끌고 위화도까지 나아갔다. 그러나 아무리 생각해도 요동 정벌은 현

실적으로 승산이 없는 전쟁이었다. 이성계는 왕명을 따르지 않기로 결심했다. 그리고는 곧장 군사를 이끌고 개성으로 쳐들어갔다.

개성으로 입성한 이성계는 전부터 사사건건 부딪혀 왔던 최영의 저항을 받았다. 하지만 늙은 최영은 혈기왕성한 이성계와 그의 군사들을 당해 낼 재간이 없었다.

이성계는 곧 요동 정벌을 명령했던 우왕을 폐위시키고, 최영도 처형했다. 그리고 우왕의 아들인 창왕을 즉위시키더니 이듬해 11월에는 창왕마저 폐위시켜 죽이고 공양왕을 즉위시켰다. 그 후 이성계는 1392년 7월, 공양왕을 폐위하고 '조선' 이란 새로운 나라를 건국했다.

그 당시 고려의 수도가 개성이었기 때문에 태조 이성계는 개성에 있는 수창궁에서 나랏일을 보고 있었다. 하지만 이성계는 하루빨리 개성을 떠나고 싶었다.

왜냐하면 개성은 더 이상 나라의 수도로는 적합하지 못하다는 말이 오래 전부터 나돌았기 때문이다. 만약 서울을 옮기지 않고 계속 그 곳에 머물러 있으면 임금이 바뀌게 된다는 소문이 떠돌고 있었다. 그런데다 신하의 신분으로 임금을 죽이고 왕조를 일으킨 자신의 행동에 대해 개성 사람들이 이러쿵저러쿵 비난하는 분위기를 조금이라도 피하고 싶었다. 하지만 그 무엇보다 새 왕조의 기틀을 바로잡기 위해서는 자신을 굳게 지지해 주는 새로운 세력이 절대적으로 필요했기 때문이다.

이성계는 풍수지리에 밝은 사람을 시켜 조선의 도읍지로 어디가 좋은지 알아보도록 했다. 그리하여 후보지로 떠오른 곳이 무악, 한양, 계룡산이었다. 계룡산은 산세가 좋고 가까이에 금강이 흐르고 있어 그야말로 명당자리로 손색이 없었다.

이성계는 계룡산으로 서울을 옮기기 위해 곧바로 공사를 시작하도록 명령을 내렸다. 그러나 시작한 지 10개월 만에 공사는 중단되고 말았다. 당시 경기도 관찰사이던 하륜이 반대하고 나섰기 때문이다. 그 이유는 아래와 같다.

첫째, 한 나라의 수도 서울은 나라의 중앙에 위치하는 것이 좋은데 너무 멀다.

둘째, 금강의 흐름이 풍수지리적으로 좋지 않아 이 곳에 나라를 세우면 머지않아 패망하게 된다.

그 말을 들은 이성계는 할 수 없이 공사를 중단하고, 이듬해 다시 신하들을 데리고 새 도읍지를 찾아 나섰다.

"무학 대사, 여기는 어떻소? 도읍으로 정할 만합니까?"

이성계는 지금의 무악재에 도착하여 왕사인 무학 대사에게 물었다. 왕사란 임금의 스승을 가리키는 말이다.

"모악(무악)은 지리적으로 나라의 중앙에 위치하여 편리한 점은 있지만 지형이 옆으로 치우쳐 있고 너무 좁아 궁궐과 관아 등이 제대로 들어갈 수가 없사옵니다."

무학 대사를 비롯하여 다른 중신들도 한결같이 적당하지 않다고 말했다.

▲ 조선을 건국한 태조 이성계

"그렇다면 대체 어디가 적당하단 말이오?"

이성계는 하루라도 빨리 서울을 옮겨 나라의 기틀을 바로잡고 싶었다. 그러나 조선을 건국하고도 3년이 지났는데 아직도 서울을 정하지 못한 것이다. 이성계는 짜증이 났다.

"소인이 얼마 전에 가 본 곳이 있는데 거긴 어떨는지요?"

무학 대사가 조심스럽게 아뢰었다.

"거기라니? 어디를 말하는 것이오, 무학 대사?"

"한양이라는 곳인데, 옛날 고려의 궁궐 터가 남아 있긴 합니다만……."

"어디 한번 가 봅시다."

그리하여 태조 이성계 일행은 지금의 경복궁 뒷동네쯤에 이르러 한양의 지세를 살펴보았다.

뒤로는 인왕산이 높게 버티고 있고 좌우로는 낮은 산이 한양을 포근히 감싸고 있는 듯한 느낌을 주었다. 그리고 멀리 한강이 있어 배로 물자를 운반하기에도 좋고, 길도 여러 갈래로 통하고 있었다.

이성계는 '이 곳이야말로 조선의 도읍지로 손색이 없구나'

하고 마음 속으로 결정한 후 신하들에게 물었다.

"여러분의 생각은 어떠하십니까?"

그 때 관리 중 한 사람이 나서서 대답했다.

"이 곳 한양은 개성 다음으로 좋은 곳입니다. 하지만 개성은 이미 천수를 다했습니다. 그렇다면 한양 땅만한 곳은 조선 팔도에 없을 것입니다."

이성계는 그 말을 듣고 기분이 좋았다. 그렇다고 금방 결정을 내릴 수가 없었다. 한 나라의 서울을 정하는 것이라 신중에

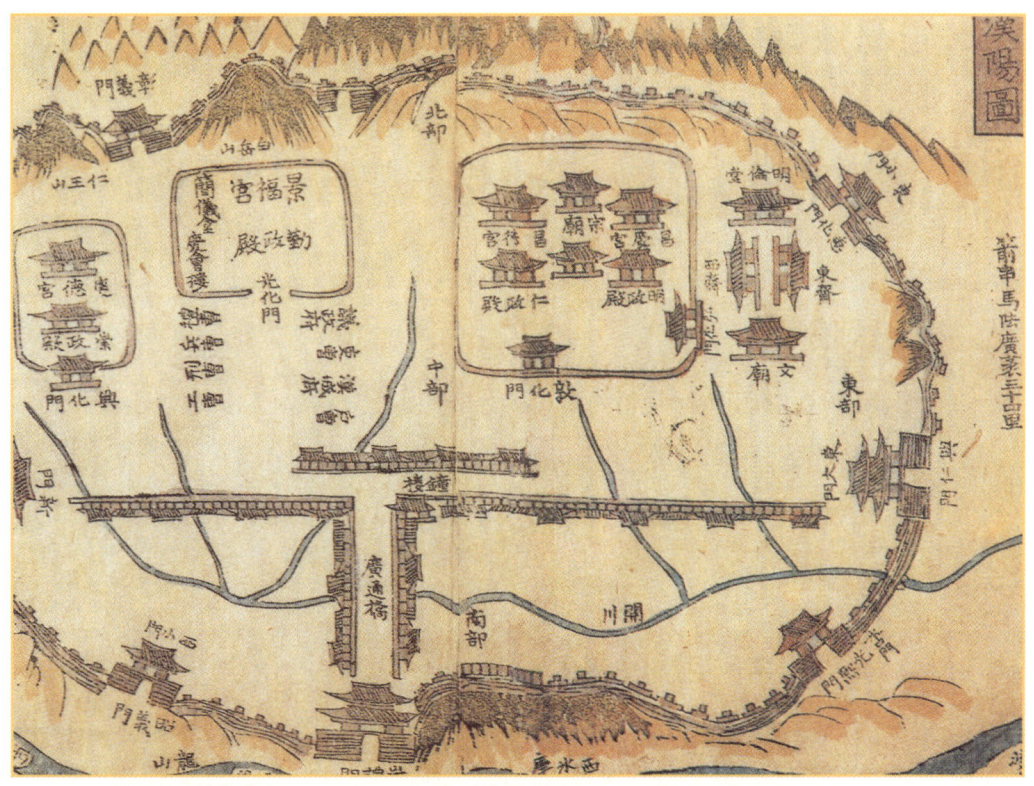

▲ 영조 때 그려진 한양도 : 성곽과 사대문 안의 경복궁, 창덕궁 등의 위치가 나타나 있다.

신중을 거듭해서 결정해야 했다.
"왕사의 생각은 어떠시오?"
이성계가 무학 대사에게 물었다.
"이 곳은 좌청룡 우백호에 둘러싸인데다가 경치도 좋고 지형도 평탄하니 조선의 도읍지로는 부족함이 없습니다. 하지만 도읍지를 결정하는 것은 매우 중요한 일이므로 더 많은 사람들의 의견을 들어 본 후 결정하는 것이 좋을 듯싶사옵니다."
그 후 이성계는 개성으로 돌아와 무학 대사의 말대로 많은 대신들에게 물어 보았다.
"한양을 새 도읍지로 정하려 하는데 여러분들의 의견은 어떻소?"
그리고 한양을 갔다 온 사람들은 실제로 보고 느낀 소감을 이야기했다.
"전하, 한양을 조선의 새 도읍지로 결정하는 것이 옳은 줄 아뢰오."
많은 대소 각료들이 일제히 찬성했다. 그리하여 조선의 수도가 한양으로 결정되어 오늘날까지 이어져 온 것이다.
이 이야기가 끝날 무렵 나는 북악 스카이웨이 아래에 차를 두고 문희와 정인이를 데리고 인왕산에 올라갔다. 그 곳에서는 서울이 한눈에 내려다보였다. 청와대와 경복궁은 물론 멀리 63빌딩도 보이고 남산 위의 N서울 타워도 보이고 강남의 아파트도 한눈에 들어왔다.

"아빠, 한양이라는 곳이 정말 명당인가 봐요."
문희가 말했다.
"어쭈, 명당이 어떤 곳인지 알고 그러는 거니?"
"그럼요. 청와대와 경복궁이 있으니까 명당이죠, 뭐. 만약 명당이 아니라면 그 자리에 청와대와 경복궁이 있을 리 없잖아요."
"그런가, 허허허……."
나는 문희의 명당 논리에 너털웃음을 보냈다.

무학 대사와 왕십리

"정인아, 무학 대사가 누군지 아니?"
나는 4학년인 정인이에게 물었다.
"임금님의 스승이잖아요?"
"어느 임금님의 스승이지?"
"조선을 건국한 태조 이성계요."
"음, 그래. 잘 알고 있구나."
정인이는 내 이야기를 놓치지 않고 잘 듣고 있었다. 나는 내친 김에 이성계가 무학 대사를 왕사로 모시게 된 이야기를 해 주었다.
무학 대사는 조선 시대 초기에 백성들로부터 대단히 존경받던 인물이다. 그와 관련해서 재미있는 이야기가 많이 전해 내려오고 있는데, 그 중에서 무학 대사와 왕십리 이야기는 빼놓을 수가 없다.

옛날, 이성계가 조선을 세우기 이전에 함경남도 안변에서 살고 있을 때의 일이다.

어느 날 낮에 잠깐 졸다가 이상한 꿈을 꾸었다. 허물어져 가는 초가집 속에서 서까래(한옥을 지을 때 도리에서 처마 끝까지 건너지른 나무) 세 개를 지고 나온 것이다.

이성계는 꿈에서 깬 뒤 하도 이상해 이웃집 할머니에게 해몽을 부탁했다.

"이건 보통 꿈이 아닌 듯싶습니다. 내가 잘 아는 큰스님이 한 분 계신데 그분에게 꿈풀이를 부탁해 보시지요."

▲무학 대사

할머니는 이성계에게 무학 대사 얘기를 꺼냈다. 이성계는 즉시 무학 대사를 찾아가 해몽을 부탁했다.

"허어, 이건 함부로 말하기 어려운 일이오. 잘 듣고 내가 시키는 대로 하시오. 서까래 세 개는 임금 왕(王)을 가리키며, 쓰러져 가는 초가집은 고려를 뜻하는 것이오. 이 공은 머지 않아 고려가 망하고 새로운 왕이 탄생될 때 임금의 자리에 오를 테니, 이 이야기를 아무에게도 하지 마시오. 잘못했다 가는 큰일납니다."

무학 대사는 이렇게 말하며 이성계에게 언행을 조심할 것을 당부했다.

"대사님, 그럼 저는 앞으로 어떻게 해야 합니까?"

이성계는 조바심이 나서 물었다.

옛날에는 왕이 된다든가 나라를 멸망시키겠다는 따위의 말을 했다가는 역모(반역을 도모함)로 몰려 사형에 처해졌다.

"여기서 멀지 않은 곳에 절을 짓고 불공을 드리시오. 그러면 모든 일이 잘 풀릴 것이오. 관세음보살."

그리하여 이성계는 무학 대사가 사는 암자 아래에 석왕사라는 절을 짓고 불공을 드렸다. 그것이 인연이 되어 이성계는 훗날 무학 대사를 왕사로 모시게 되었다.

왕사가 된 무학 대사는 태조 이성계가 올바른 정치를 할 수 있도록 많은 도움을 주었다.

앞에서도 말했듯이 조선 건국 초기에 이성계는 무학 대사에게 도읍을 옮기기에 적당한 곳을 둘러보라고 일렀다.

무학 대사는 계룡산도 둘러보고 무악도 둘러보고 주위에서 좋다고 하는 곳은 다 둘러보았다. 그러나 썩 마땅한 곳이 눈에 들어오지 않았다.

그러던 어느 날 백발 노인이 황소를 타고 무학 대사 옆을 지나가면서 이렇게 중얼거리는 것이었다.

"이랴, 이놈의 소! 미련하기가 꼭 무학 같구나."

무학 대사는 자신의 귀를 의심했다.

'이 백발 노인이 어떻게 내 이름을 알지?'

노인은 계속 혼자서 중얼거렸다.

"멀지 않은 곳에 좋은 자리를 두고 왜 엉뚱한 곳만 찾아다니는가?"

무학 대사는 틀림없이 자신을 두고 하는 소리라 생각하고 노인에게 다가가 정중하게 예를 올렸다.

"혹시 제가 누구인지 알고 계시는 것은 아닌지요?"

"이 나라의 왕사를 모를 리 있겠소."

"노인장께서는 보통 사람이 아닌 것 같은데, 지금 저는 도읍지로 적당한 곳을 찾아 헤매고 있습니다. 혹시 알고 계시다면 저에게 그 곳을 가르쳐 주십시오."

노인은 백발 수염을 한번 쓰다듬은 후 왕사에게 말했다.

"여기서 북쪽으로 10리만 더 가면 명당자리가 있을 것이오."

"그렇다면 한양 부근이 아닙니까?"

"그렇다오. 그 곳이야말로 명당자리요. 조선 왕조가 번창할 수 있는 자리지요."

▲신원사 대웅전의 도선 대사

무학 대사는 감탄했다. 그렇지 않아도 조선의 서울로는 한양이 좋다는 말을 들어오던 터였다. 그래서 그 곳에 가 보아야겠다고 생각했다.

"이랴!"

노인은 소의 엉덩이를 손바닥으로 치며 길을 재촉했다. 무학 대사는 황급히 쫓아가서 물었다.

"실례합니다만, 어르신네는 어디에 사는 누구이신지 알고 싶습니다."

"나는 무학봉 암자에서 살고 있소."

그러고는 노인은 사라졌다. 다음날 무학 대사는 노인에게 인사를 하려고 무학봉으로 올라갔다. 그러나 암자에서는 아무도 그런 노인을 알지 못한다고 했다.

'이상하다.'

무학 대사는 고개를 갸웃거리며 이 방 저 방을 훑어보았다. 그런데 참으로 이상한 일이었다. 어제 본 노인의 화상이 암자에 모셔져 있지 않은가?

"이게 어떻게 된 일이지요? 내가 어제 그림 속의 저 노인을 만났는데……."

무학 대사는 깜짝 놀라 암자에 있는 스님에게 물어 보았다.

"이 곳은 신라 말기에 도선 대사가 수도하던 곳이오. 그리고 저 그림은 도선 대사의 화상이오."

"도선 대사라면 풍수지리에 뛰어난 분이 아니시오?"

"그렇소."

"아, 그렇다면 어제 그분은 틀림없는 도선 대사의 영혼이다. 조선의 도읍 자리를 일러주기 위해 내 앞에 나타났다 사라진 것이다."

무학 대사는 도선 대사의 화상에 수없이 절을 한 다음 무학봉을 내려왔다. 그리고 북쪽으로 십 리를 더 가서 지금의 경복궁 터에 궁궐을 짓게 했다고 한다.

왕십리란 동네 이름은 '십 리를 더 가야 왕이 사는 곳이 있다'는 뜻으로 그 때부터 그렇게 불리게 되었다.

"아빠, 조금 전에는 태조 이성계가 직접 한양을 둘러보고 도읍을 정했다고 했는데, 이번에는 도선 대사가 일러주는 곳을 도읍으로 정했다고 하니 어느 것이 맞아요?"

내 이야기를 다 듣고 나서 문희가 질문했다.

"응, 그건 좋은 질문이다. 나도 정확하게 알 수는 없지만, 무학 대사를 비롯하여 많은 중신들이 조선의 도읍을 정하기 위해 산세가 좋다는 곳은 다 둘러보았을 거야. 그리고 난 후 여러 사람들의 의견을 들으니 한양이 가장 좋겠다고 했겠지. 그러니까 태조 이성계가 직접 한양을 둘러본 후 결정하였을 거야."

"어휴! 정말 서울이 어렵게 결정됐네요."

문희가 말했다.

"그렇지. 나라의 서울을 정하는 것이 그렇게 힘들단다. 덕분

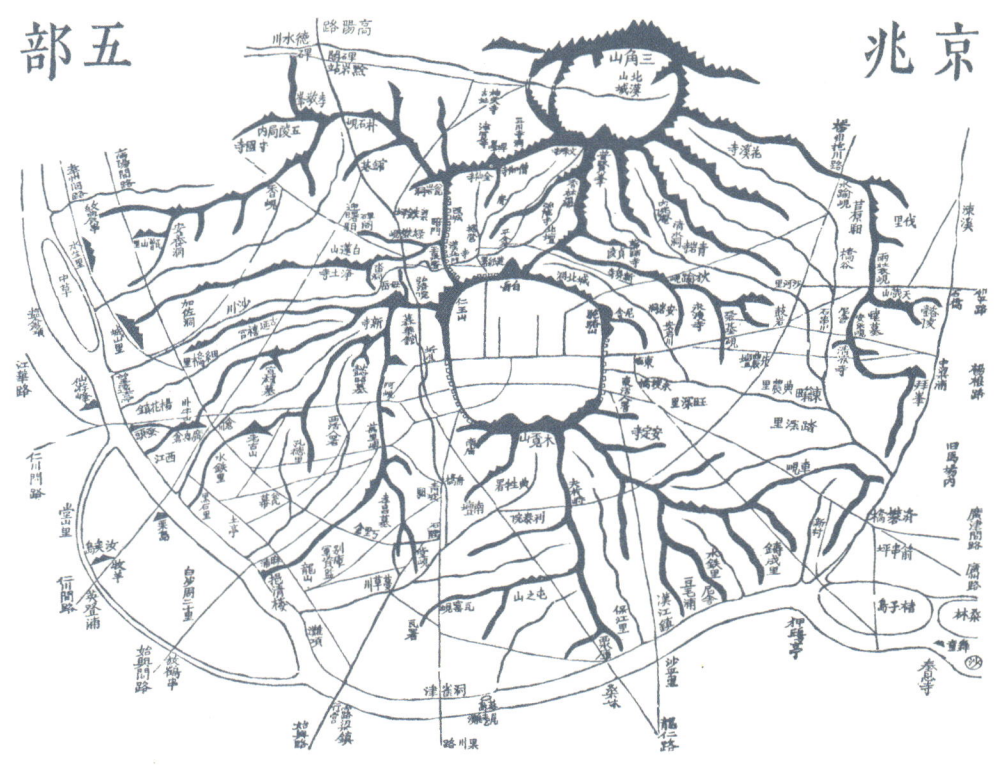

▲ 대동여지도의 경조오부도 : 북쪽에 삼각산이 있고 가운데 둥그런 부분은 도성을 나타낸다.

에 서울은 600년이나 계속 지금까지 발전해 오고 있잖아."
"아빠, 어쩌면 삼촌이 살고 있는 집이 무학 대사와 도선 대사가 만난 곳인지도 모르겠네요."
"그건 또 왜?"
"삼촌의 집이 왕십리에 있잖아요. 동네 이름도 도선 대사의 이름을 따서 붙인 도선동이잖아요?"
"참, 그렇구나. 옛날의 무학 대사도 지금 우리가 서 있는 인왕산 이 자리에서 한양의 산세를 두루 살폈는지도 몰라. 이처럼 서울의 곳곳에는 아직도 우리 조상들의 숨결이 들리는 곳이 많지. 이것이야말로 대한민국의 자랑거리가 아니겠니?"

나는 문희와 정인이의 손을 잡고 천천히 인왕산을 내려오기 시작했다.

▲ 현재의 왕십리 일대

경복궁의 시련

 우리는 인왕산을 내려와 경복궁에 도착했다. 경복궁의 역사는 수도 서울 600년의 역사라고도 할 수 있다.
 매표소로 가려는데 정인이가 불렀다.
 "아빠, 경복궁에 들어가기 전에 아이스크림 하나만 사 주세요. 먹으면서 이야기를 듣게요."
 "이녀석아, 진짜로 아이스크림을 먹어야 할 사람은 이 아빠다. 이야기하느라고 얼마나 목이 탄 줄 아니?"
 "그래요, 그럼 돈만 주세요. 제가 아이스크림 세 개를 사 올 테니까요."
 문희는 잔돈을 받아들더니 재빨리 매점으로 달려가 아이스크림을 들고 왔다.
 "아빠, 경복궁은 왜 이리 넓어요?"
 얼마쯤 말없이 걸어가던 정인이가 사방을 휘둘러보며 말했다.

"이유가 있지. 옛날 사람들은 국가와 왕실의 존엄이 궁궐의 규모에 달렸다고 생각했어. 임금님이 살고 나라의 모든 일을 보살피는 곳이라 위엄을 갖추어야 했기 때문이지."
"아빠, 경복궁이란 이름은 누가 지었나요?"
문희가 물었다.
"조선의 개국 공신의 한 사람인 정도전이 지었지. 중국의 《시경》에 나오는 '군자만년 개이경복(君子萬年 介爾景福)'에서 큰 복을 빈다는 뜻의 '경복'이라는 두 글자를 따서 지은 것이야. 임금님과 그 자손들이 만대에 이르기까지 크나큰 복을 받는 궁궐이라는 뜻이 담겨 있어."
"와, 임금님은 좋겠다. 이렇게 넓은 집에서 마음대로 놀 수 있을 거 아냐?"
정인이가 넓은 잔디밭을 가로질러 달리며 말했다.
"정인이는 노는 것밖에 모르니? 사실 임금이란 자리는 하루도 편할 날이 없단다. 나라의 모든 일을 지혜롭게 처리한다는 것이 얼마나 어려운 일인지 정인이는 잘 모를 거야."
"밑에 있는 신하들이 다 알아서 처리해 주잖아요."
"현명한 임금이 되려면 신하들보다 공부를 많이 해야 돼. 신하가 백성들을 위해 올바르게 정치를 하고 있는지 아닌지 알아야 하니까. 임금이 정치를 잘못하면 백성들이 살기 어렵고 나라가 위태로운 지경에 빠질 수도 있어. 그러니까 임금의 자리가 진짜 편안하고 좋을 수만은 없어."

▲ **근정전** : 경복궁에서 가장 중심되는 건물로 임금의 즉위식 같은 국가적인 행사를 치르던 곳이다.

  도읍을 옮기고 1395년 경복궁이 완성되자 태조 이성계는 큰 잔치를 벌였다.
  경복궁의 건립 계획이 확정된 후 조선 팔도에 재목이 될 만한 나무들은 다 베어져서 경복궁을 짓는 데 들어갔다. 전국에서 내로라하는 목수, 석수장이, 미장공 들도 궁궐을 짓는 대사업을 위해 부역(나라의 부름을 받고 일함)을 했다. 터를 닦고 재목을 대패질하여 다듬어 올리고, 기와를 구워 지붕을 얹는 등 공사는 대대적으로 이루어졌다. 이 역사적인 대사업은 태조 3년(1394년)에 시작하여 1년 만에 완성되었다.

▲ 종묘 영녕전 : 조선의 역대 왕, 왕비, 공신 등의 신주를 모셔 놓고 제사를 지내던 곳이다.

　경복궁의 주요 건물로는 근정문·근정전·사정전·천추전·수정전·자경전·경회루·재수각·숙향당·함화당·향원정·집옥재·선원정 등이 있다. 건물들의 배치는 국가의 큰 행사를 치르거나 왕이 신하들의 조례를 받는 근정전과, 왕이 일반 집무를 보는 사정전을 비롯한 정전과 편전, 침전인 강녕전 등이 있고, 그 밖의 건물들이 이어져 있었다.

　2년 뒤에는 종묘와 사직단 등이 지어졌고, 북악, 낙산, 남산, 인왕산을 잇는 성곽을 쌓았으며 사대문을 세웠다.

　그러나 새로운 도읍지에 훌륭하게 지어진 경복궁에서 많은 신하들이 축복의 시를 낭송하며 왕실과 나라의 무궁한 안녕과 자자손손 태평을 누리라고 기원했는데 3년이 못 가 엄청난 사건이 터졌다. 세자의 자리를 놓고 왕자들끼리 싸움이 벌어진 것이다. 그것을 제1차 왕자의 난이라고 한다.

태조 이성계는 정비인 신의 왕후 한씨 사이에 여섯 명의 아들 방우, 방과, 방의, 방간, 방원, 방연을 낳았다. 그리고 계비 신덕 왕후 강씨 사이에 방번과 방석 두 아들을 두어 모두 여덟 명의 아들이 있었다.

새로운 나라 조선을 건국하고 왕위에 오른 태조 이성계는 자신이 사랑하는 계비 강씨가 낳은 아들인 방석을 세자로 삼았다.

태조 이성계의 다섯째 아들 이방원은 아버지의 귀여움을 독차지하고 있는 이복동생 방석이 세자가 되자 몹시 못마땅하게 생각했다.

'큰형님이 세자가 되는 것이 마땅한데 이복동생 녀석이 세자가 되다니……'

이방원은 조선 건국을 반대하는 세력들을 제거할 때 아버지 이성계를 크게 도왔다. 이방원이 고려의 마지막 충신 정몽주를 한편으로 끌어들이려고 그의 마음을 떠보기 위해 〈하여가〉를 지은 것은 유명한 일이다.

이방원은 아버지 태조가 이복동생인 방석을 세자로 삼은 것을 받아들이지 않았다. 그는 친형제들과 사병을 동원하여 방석을 따르고 지지하던 무리들을 모조리 없애 버렸다. 세자 방

▲ 후릉 : 조선 제2대 정종과 정안 왕후가 묻혀 있는 무덤이다.(경기도 개풍군 소재)

석은 귀양보냈다가 그의 친형 방번과 함께 죽였다. 이 사건이 바로 제1차 왕자의 난이다.

  왕자의 난으로 방석과 방번 형제가 살해당했다는 소식을 들은 태조 이성계는 둘째 아들 방과에게 왕위를 넘겨주고 상왕으로 물러났다. 조정은 이미 방원과 그를 따르는 무리들이 세력을 휘어잡은데다 태조는 병중이어서 별다른 도리가 없었기 때문이다. 그러자 방원은 형인 방과를 세자로 삼아 왕위를 계승하게 했다. 이렇게 하여 왕위에 오른 조선 제2대 왕 방과가 정종이다.

  방과는 동생 방원의 뜻에 따라 왕위에 올랐으나 권력은 모두

동생인 방원의 손에 집중되어 있었다.

　정종은 형제들끼리 칼부림을 한 경복궁이 싫었다. 그래서 서울을 다시 개성으로 옮겼다. 그래서 경복궁은 빈 채로 있고, 집들은 창고 등으로 이용되었다.

　그 뒤 1400년 11월, 정종은 왕위에 오른 지 2년 만에 방원에게 왕좌를 넘겨주고 상왕으로 물러났다. 그것이 목숨을 유지할 수 있는 최선의 길이었기 때문이다.

　정종은 상왕으로 물러난 뒤에는 정치와는 거리를 두고 주로 격구, 사냥, 온천, 연회 등의 유유자적한 생활을 하다가 19년 후인 세종 원년에 63세로 세상을 떠났다.

▼**경회루** : 경복궁 서쪽 연못 안에 있는 누각으로 임금과 신하가 모여 잔치를 하던 곳이다.(국보 제224호)

이방원은 정종으로부터 왕위를 넘겨받아 태종으로 즉위하자, 서울을 또다시 한양으로 옮겼다. 경복궁의 수난의 역사는 이렇게 시작되었다.

1404년 태종은 도읍을 한양으로 다시 옮기면서 창덕궁을 지어 그 곳에 머물렀다. 이듬해인 1405년에는 도성 안에 대대적으로 공사를 펼쳤다. 종로에는 상점을 지어 저자로 만들고, 시가 중심에는 청계천을 파서 산과 민가에서 흘러나오는 물이 괴지 않고 잘 흐르도록 하였다.

태종이 창덕궁에 머물렀기 때문에 경복궁은 빈 궁궐로 남아 있었다. 그러나 명나라 사신을 접대하는 연회 등은 경복궁에서 치렀다. 그렇기 때문에 경회루 확장의 필요성이 절실하게 되었다.

경회루를 확장한다는 말이 나오자 신하들의 반대가 만만치 않았다. 연못 한가운데 큰 집을 짓는 기술상의 어려움을 제기하는 사람도 있었지만 태종은 그대로 일을 추진했다. 그리하여 왕위에 오른 지 12년이던 해 4월 경회루를 개조하고, 궁궐 북서쪽에 있던 작은 건물들은 궁궐 서쪽으로 옮겨 지었으며, 연못도 새로 파고 누각도 새로 지었다.

그 후 200년 가까이 태평 세월이 계속되었다. 그러나 1592년 임진왜란이 일어났다. 왜군이 물밀듯이 삽시간에 쳐들어온 것이다. 임진년 4월 13일(음력) 부산포에 상륙한 왜군이 한양까지 오는 데 불과 20일밖에 걸리지 않았다. 거의 아무런 저

항도 받지 않고 그냥 걸어서 진군해 온 셈이다.

소식을 들은 궁성 안은 어찌할 바를 몰랐다. 임금도 조정의 대신들도 뾰족한 대책을 내놓지 못했다. 결국 4월 30일 새벽 선조 임금은 한양을 포기하고 몽진에 나섰다. '몽진'이란 임금이 피난하는 것을 일컫는 말로, '파천'이라고도 한다.

어두운 밤에 부랴부랴 짐을 챙겨 임금의 어가가 궁궐문을 빠져나갔다. 그러자 장안의 백성들은 통곡을 하며 울부짖었다. 한양을 끝까지 지키겠다고 백성들을 안심시켜 놓고 임금과 관리들만 몰래 피난을 떠난 것이다.

야반도주하듯 궁궐을 빠져나온 임금의 어가는 동이 틀 무렵 무악재를 넘었다. 이 때 성 안 여기저기서 검은 연기가 피어오르고 시뻘건 불길이 하늘을 덮었다. 한양과 백성을 버리고 간 임금과 조정에 대한 백성들의 분노가 폭발한 것이다.

의지할 곳도 믿을 곳도 없는 백성들은 폭도로 변했다. 그들은 궁궐에 들어가 불을 지르고 약탈도 서슴지 않았다.

"임금이 우리를 버리고 가니 이제 누굴 믿고 산단 말이오."

나무로 지어진 경복궁의 건물들은 시뻘건 불길을 내뿜더니 한 줌의 재로 변하고 말았다. 왜군에 의해 불타 버린 것이 아니라 분노한 우리 백성들의 손에 불타 버린 것이다.

단숨에 폐허가 된 경복궁은 그 뒤 200년이 넘도록 아무도 돌보지 않았다. 긴 세월 내내 무성하게 자란 잡초들만이 경복궁을 한층 더 을씨년스럽게 만들었다.

고종 임금의 아버지인 흥선 대원군은 경복궁의 뜰을 거닐다가 이렇게 결심했다.

'궁궐이란 나라와 왕권의 상징인데 이렇게 폐허가 된 채로 내버려 두다니……. 내가 앞장서서 조선 왕조의 위엄과 왕실의 번영을 위해 경복궁을 다시 지으리라.'

대원군은 나라 형편이 어려운 바를 모르는 것도 아니지만 조정의 기강을 세우는 것이 더 중요하다고 여겼다. 많은 사람들의 반대에도 불구하고 대원군은 공사를 강행했다. 그리하여 경복궁의 대표적인 건물인 근정전, 경회루, 사정전, 천추전 등은 고종 4년(1867년)에 비로소 옛 모습을 찾을 수 있게 되었다.

▲흥선 대원군

그러나 이것도 잠시뿐, 우리보다 한 발 앞서 서양 문물을 받아들인 일본이 우리 나라를 강제로 점령했다. 그들은 조선의 민족 정신을 없애기 위해 경복궁을 아예 헐기 시작했다. 그리고 그 자리에 조선총독부 청사를 짓기 시작했다. 우리 나라 궁궐터에 일제의 총본산인 조선총독부 청사를 세워 우리 한민족의 얼과 자주 정신을 끊어 없애고, 우리 국민을 일본 천황의 충실한 백성으로 만들기 위한 야만적인 음모였다.

조선총독부 건물은 10년이 걸려 1926년에 완공되었다. 그 바람에 경복궁의 건물들은 하나도 볼 수 없게 되었다. 웅장하고 거대한 조선총독부 청사가 높은 담처럼 앞을 가로막아 버렸기 때문이다.

나는 정인이와 문희의 손을 잡고 많은 수난을 겪으면서도 굳건하게 견디어 온 경복궁 안을 거닐었다.

조선 왕조가 한창 흥했을 때는 800여 채에 이르는 건물이 있었다고 한다. 그런데 겪어서는 안 될 전쟁과 일제에 의해 대

▼ 헐어 내기 전의 광화문 : 1968년 철근 콘크리트로 세워졌던 것을 복원을 위해 다시 철거했다.

부분 불타거나 헐려 없어지고 지금은 겨우 10퍼센트 정도만 남아 있다.

 다행히 1996년 구 조선총독부 건물이 철거되고 그 자리에 흥례문이 복원되었다. 또한 광화문 복원 사업도 2009년 12월 완공을 목표로 공사 중에 있다.

 광화문은 조선 태조 4년(1395년)에 경복궁 창건과 함께 지어졌다가 임진왜란 때 불타 없어지고, 그 뒤 고종 4년(1867년)에 다시 세워졌다. 그러나 1926년 일제가 해체해 현 국립민속박물관 정문으로 옮겼고, 그 후 한국전쟁 때 문루가 불탄 것을 1968년 철근 콘크리트로 다시 세운 바 있다.

 지금 복원 공사 중에 있는 광화문은 높이 18.93미터, 1층 정면 길이 23.8미터로 원래의 광화문과 규모가 같게 지어질 것이다. 임금이 다니던 길인 어도, 내부 담장, 용성문, 협생문, 수문장청, 영군직소, 군사방 등 부속 시설도 광화문과 흥례문 사이에 들어선다.

 이와 같은 광화문 복원 사업과 함께 못다 이룬 경복궁 복원 사업 역시 계속 진행되어 민족의 역사와 자긍심을 드높이게 될 것이다.

예의를 숭상하는 숭례문

"우리 나라의 국보 제1호가 무엇인지 아는 사람?"
나는 집으로 돌아오는 길에 문희와 정인이에게 물었다.
"남대문요."
뒷좌석에 앉아 있던 문희가 얼른 말했다.
"그럼 보물 제1호는 뭐지?"
"동대문요."
"음, 문희가 잘 알고 있구나. 그럼 남대문의 옛날 이름은 뭐지?"
"잘 모르겠는데요."
"이 차가 지금 남대문 옆을 돌아갈 테니 뭐라고 쓰였는지 잘 보렴."
나는 차를 몰아 남대문 쪽으로 향했다. 일요일인데도 불구하고 자동차가 넓은 도로를 꽉 메우며 달리고 있었다.

"아빠, 옛날 사람들은 자동차가 없었는데 뭘 타고 다녔어요?"

정인이가 물었다.

"소나 말이 끄는 수레를 타고 다니거나 걸어서 다녔지."

"옛날 사람들은 다리가 많이 아팠을 거예요. 먼 길을 날마다 걸어다녔으니 말예요."

"그렇지도 않았을 거야. 걷는 일에 이력이 나서 다리 아픈 것도 몰랐을 거야. 정인이가 하루 종일 텔레비전을 봐도 눈이 아픈 걸 모르듯이 말야."

내가 이렇게 말하자 문희가 깔깔대며 웃었다. 그러는 사이 차는 시청을 지나 남대문을 향했다.

"봐라! 저게 남대문이야. 정면 저 위에 뭐라고 쓰여 있는지 잘 보렴."

"아빠, 한자라서 알 수 없어요."

문희가 말했다.

"참, 그렇구나. 남대문을 지을 당시에는 한글이 발명되지 않아 한자로 글을 썼지. 봐라. 저건 '숭례문'이라고 한자로 쓴 거야. 남대문의 옛날 이름이지."

"지은 지가 꽤 오래된 것 같은데, 언제 지었지요?"

"숭례문은 조선의 첫째 임금인 태조 이성계가 한양에 도읍을 정하고 지은 것이야. 태조 4년이던 1395년에 짓기 시작해서 1398년에 완성했어. 현재 서울에 남아 있는 나무로 지은 목

▲**구한말 때의 남대문** : 홍예문을 통해 사람들이 다니고 양 옆 성곽 아래에 기와집들이 늘어서 있다.

조 건물 중에서 가장 오래된 것이란다."
"아빠, 근데 왜 남대문이라고 부르죠?"
"그건 경복궁에서 볼 때 정남쪽에 있어서 그렇게 부른 거야. 사대문 중에서 사람들의 출입이 가장 많았지. 또 중국이나 일본 등 외국 사신들이 이 문을 통해 들어왔기 때문에 어느 문보다도 크고 웅장하게 지었어. 잘 봐. 돌을 높이 쌓아 만든 석축 가운데에 무지개 모양의 홍예문을 두고, 그 위에 누각을 얹은 2층 건물이야. 지붕은 앞면에서 볼 때 사다리꼴 모양의 우진각지붕인데, 원래는 옆면에서 볼 때 여덟 팔(八)자 모양인 팔작지붕이었다는구나. 그런데 지금 우리가 보고 있는 건물은 세종 대왕 때 고쳐 지은 것이래. 1961년에 해체해서 2년여 동안 수리한 적이 있는데, 그 때 성종 임금 때(1479년)에도 큰 공사가 있었다는 사실을 알아냈대."
"아빠, 그런데 숭례문이란 말의 뜻이 뭐예요?"
"그건 예의를 숭상하는 나라라는 뜻으로 붙여진 이름이야."
"역시 동방예의지국답네요. 그럼 저 현판의 글씨는 누가 쓴 것이죠?"
문희가 또다시 물었다.

▲현판 글씨는 양녕 대군이 썼다고 한다.

▲숭례문 중앙 통로인 홍예문 천장에 청룡와 황룡이 화려한 모습을 뽐내고 있다.

"그 글씨는 세종 대왕의 형님인 양녕 대군이 쓴 것이야. 양녕 대군은 문장 실력도 뛰어나고, 글씨를 잘 쓰는 분으로 유명했지."

나는 잠시 말을 멈추었다 다시 이었다.

"남대문도 600년의 세월을 지내오면서 어려움을 많이 겪었지. 하마터면 없어질 뻔한 일도 있었단다."

"남대문이 없어져요? 에이, 이렇게 큰 걸 누가 훔쳐가요?"

정인이가 못 믿겠다는 표정을 지으며 말했다.

"훔치는 일보다 더 고약한 짓을 저질렀지. 일본 사람들이 말야."

"그럼 불을 질렀나요?"

이번에는 문희가 물었다.

"아니, 그보다 더 지독한 짓을 했어. 들어 보련?"

나는 아이들에게 남대문이 겪어 온 수난의 역사를 이야기해 주었다.

남대문이 처음으로 수난당한 것은 임진왜란 때였다. 부산의 동래성을 점령한 왜군은 그 여세를 몰아 경상도, 전라도, 충청도를 손쉽게 점령했다.

당시 조선은 왜군이 쳐들어오리라고는 생각조차 하지 않고 있었다. 전쟁에 대비하여 전혀 아무런 준비를 하지 않았기 때문에, 왜군들이 쳐들어오자 대항하여 싸울 능력이 없었다.

왜군은 단숨에 한양까지 쳐들어왔다. 왜군이 한양을 점령하려면 남대문을 통과해야 했다. 따라서 우리 군사들은 목숨을 걸고 남대문을 지켰다. 남대문이 함락되면 한양을 빼앗기는 것은 시간 문제였기 때문이다. 그러나 우리 군사들은 조총 같은 신식 무기로 무장한 왜군을 당해 내지 못했다.

저지선을 뚫은 왜군은 남대문을 마구 짓밟고 올라가 '숭례문' 현판을 떼어 버리고 기왓장도 깨뜨려 볼품없이 만들었다. 전쟁 통에 남대문은 현판도 없이 초라한 모습으로 서 있었다.

그 후 다른 사람이 글씨를 써서 현판을 만들어 달았는데 어찌된 일인지 자꾸만 땅바닥으로 떨어졌다. 그래서 한동안은 현판이 없는 채로 있었다.

그런데 어느 날이었다. 지금의 용산구 청파동의 배다리 밑에서 이상한 빛이 나는 것을 주민들이 보았다.

"이상하다. 저 다리 밑에서 웬 빛이 날꼬?"

동네 사람들이 다리 밑으로 내려가 보았다.

"아니, 이건……!"

동네 사람들은 깜짝 놀랐다. 숭례문의 현판이 물에 떠내려와 흙 속에 묻혀 있었던 것이다. 하마터면 국보 제1호인 남대문의 현판이 영영 사라질 뻔한 것이다.

그리고 세월이 한참 흐른 조선 말엽 일제가 다시 우리 나라에 들어와 횡포를 부리던 때였다. 일본은 조선 민족의 정기를 꺾고 일본 천왕의 위대함을 과시하려고 해괴한 일을 벌였다.

1908년, 일본의 통감 이토 히로부미가 일본의 왕자를 조선

47

으로 초청했다. 그 때 일본 관리가 조선의 외무대신을 찾아와 느닷없이 이렇게 말했다.
 "우리 일본의 왕자가 오는데 조선인이 다니는 남대문 밑으로 지나게 할 수는 없습니다. 그러니 남대문을 헐어야겠습니다."
 이런 말도 안 되는 소리가 어디 있는가? 그러나 일본 관리는 기어코 남대문을 헐어 버리겠다고 했다.
 이 사실을 안 조선 사람들은 거세게 항의했다.
 "남대문은 서울의 관문이며 조선의 얼굴이니 절대로 헐게 놔 둘 수 없다."
 온 국민이 들고 일어나 항의하자 악독한 일본 관리는 자신의 주장을 후퇴하지 않을 수 없었다.

▼숭례문 : 목조 건물로 가장 오래된 것으로 조선 전기 건축의 대표가 되는 문화재로 2008년 2월 10일 불에 타서 현재 복원중에 있다. (국보 제1호)

결국 일본 왕자는 남대문의 서쪽 성벽을 허물고 길을 만들어서 지나갔다. 그 다음해에는 동쪽의 성벽이 헐렸다. 남대문을 잇고 있던 양쪽 성벽이 허물어지자 남대문은 망망한 바다에 떠 있는 무인도와 같은 형국이 되어 버렸다.

8·15 해방 후 6·25 한국전쟁은 남대문을 또다시 처참하게 만들었다. 무수한 포탄과 총탄이 남대문 곳곳에 상처를 남겼다. 그 흔적은 50년이 지난 지금도 지워지지 않고 있다.

지금 남대문은 겨레의 상징물로서 대한민국의 국보 제1호로 지정되어 있다. 일제가 1934년 보물 제1호로 지정한 것을 1955년 국보 제1호로 바꾼 것이다.

남대문을 국보 제1호로 정한 것에 대해 우리 나라의 대표적인 문화재로서 상징성이 약하다는 논란도 있다. 하지만 지정 번호는 한낱 번호일 뿐이다. 국보의 번호는 중요도와 가치의 순위가 아니다. 문화재는 그 각각이 가지고 있는 특성 때문에 서로 우열을 매길 수 있는 성질의 것이 아니기 때문이다.

지금 남대문 옆에는 그보다 높은 빌딩들이 숲을 이루고 있다. 그렇다고 해서 남대문이 우리에게 전해 주는 문화재로서의 가치나 상징성을 그것들과 비교할 수는 없다.

남대문에는 우리 조상들의 땀과 애환이 스며 있고, 우리 민족이 걸어온 역사도 함께 간직하고 있는 고귀한 문화재이기 때문이다.

문정 왕후와 태릉

"정인아, '태릉' 하면 제일 먼저 무엇이 생각나지?"
나는 집으로 가는 길에 태릉에 얽힌 이야기를 하고 싶었다.
"태릉 선수촌요."
정인이가 말했다.
"그럼 태릉이 뭘 하는 곳이지?"
"운동하는 데요. 국가 대표 선수들이 그 곳에 있잖아요."
정인이는 초등 학교 4학년다운 대답을 했다.
"아니야, 태릉은 옛날 조선 시대 왕비의 무덤 이름이야. 그 무덤이 있는 동네에 국가 대표 선수들이 모여 운동하는 부락을 만들어 놓았기 때문에 태릉 선수촌이라고 부르는 거야."
나는 집으로 향하면서 정인이가 이해하기 쉽도록 설명했다.
"아빠, 태릉은 어느 왕비의 무덤이에요?"
이번에는 문희가 물었다.

"조선 왕조 11대 중종 임금의 두 번째 왕비 문정 왕후의 능이란다. 문정 왕후는 대단한 왕비였어. 17살의 어린 나이에 왕비가 되었는데 훗날 엄청난 사건을 일으켰지."
"와! 그럼 나보다 네 살 더 먹었을 때 왕비가 되었네요."
문희가 놀라는 표정을 지었다.
"그렇지. 옛날에는 다들 어린 나이에 결혼을 했으니까."
"누나도 옛날이라면 곧 결혼하겠다, 후후후……."
정인이가 킥킥거리며 웃어댔다.
"중종 임금 바로 앞대의 임금님은 연산군이었거든. 그 임금님은 처음에는 정치를 잘 했는데 점차 성격이 포악해져 폭군

▼태릉 : 중종의 두 번째 왕비이자 명종의 어머니인 문정 왕후의 묘이다.

으로 변하고 말았어."
"아빠, 폭군이 뭐예요?"
정인이가 물었다.
"폭군이란 백성들이 마음 편히 잘 살 수 있도록 정치를 하는 것이 아니라, 백성들을 포악하고 거칠게 다루며 세금만 잔뜩 거두고, 때론 죽이기도 하면서 괴롭히는 임금을 두고 하는 말이야. 알겠니?"
정인이는 고개를 끄덕였다.
"연산군은 날이 갈수록 더욱 포악해져서 닥치는 대로 사람을 죽이곤 했어. 궁궐에 있는 사람들은 모두 숨을 죽이고 살아야 했지."
"그런 사람이 어떻게 임금이 됐어요? 백성들이 투표해서 뽑아 주지 않으면 되잖아요."
정인이가 말했다.
"임금님은 오늘날의 대통령처럼 국민이 뽑는 게 아니야. 태조 이성계가 조선 왕조를 세웠기 때문에 이성계의 후손들만 자자손손 임금이 될 수 있었거든. 그들을 가리켜 왕손이라고 하지. 그러므로 아무리 포악한 임금이 나오더라도 그 임금을 쫓아내자는 말을 했다가는 살아남을 수 없었지. 임금을 쫓아낸다는 것은 곧 반역을 한다는 말이거든. 발각되면 그 즉시 변명을 들을 것도 없이 사형을 당하는 거지."
갑자기 폭군 연산군의 이야기가 나오자 두 아이는 조용해졌다. 나는 이야기를 계속했다.

 연산군이 임금으로서 해서는 안 될 나쁜 짓을 많이 하자, 이를 보다 못한 박원종과 성희안이라는 신하가 몰래 힘을 합쳐 연산군을 내쫓았다. 그리고 그들은 19살의 중종을 제11대 임금으로 모셨다. 중종은 성종 임금의 둘째 아들이며 연산군의 이복동생이다.

 중종 임금에게는 사랑하는 왕비 신씨가 있었다. 그런데 반정을 일으킨 박원종과 성희안은 왕비 신씨가 역적의 딸이라고 해서 왕비의 자격이 없다며 궁궐에서 내쫓으려 했다.

 "왕비 신씨는 나의 조강지처요. 그 사람은 나에게 시집온 죄밖에 없어요. 나는 그 사람 없이는 살 수가 없어요. 신씨를 내쫓지 마세요. 그녀는 총명해서 왕비의 자질이 충분히 있어요. 내 청을 들어 주시오."

중종 임금은 박원종에게 사정했다.

 "안 됩니다, 전하. 왕비 신씨의 오빠가 역적인데, 역적의 핏줄을 왕비로 모실 수는 없습니다."

박원종은 임금의 간절한 청을 들어주지 않았다.

 중종은 임금이지만 실제적인 권한이 별로 없었다. 반정을 일으킨 박원종에게서 모든 권력의 힘이 나왔다. 중종도 그가 자신을 임금으로 추대했기 때문에 그의 말을 따라야 했다.

 결국 신씨는 왕비가 된 지 일 주일 만에 왕비 자리에서 물러나야 했다. 뿐만 아니라 궁궐에서도 쫓겨나 친정으로 소박맞는 신세가 되어 버렸다.

　중종은 쫓겨난 신씨를 잊지 못해 궁궐 밖에서 사람이 들어오면 신씨의 소식을 묻곤 했다. 신씨도 임금이 자신을 그리워하고 있다는 것을 알고는 인왕산으로 올라갔다.

　인왕산에서는 임금이 거처하는 궁궐이 바로 보였다. 신씨는 자기가 입던 치마를 벗어 커다란 바위 위에 펼쳤다. 신씨는 날마다 그 바위에다 자신의 치마를 펼쳐 놓았다.

　어느 날 중종은 인왕산 바위에 여자의 치마가 펼쳐져 있는 것을 보고 신하에게 그 연유를 알아보라고 일렀다.

　"전하, 저 치마는 옛날 왕비였던 신씨의 치마이옵니다."

　"오라, 중전도 내가 보고 싶어 저 바위 위에다 치마를 벗어 놓았구나. 나도 보고 싶소, 중전……."

　중종은 눈시울을 적셨다.

　그 후 중종은 신씨가 생각나면 언제나 인왕산 치마바위를 쳐다보며 마음을 달랬다고 한다.

　신하들은 중종을 위하여 새 왕비를 뽑았다. 그러나 새 왕비 장경 왕후 윤씨는 어린 왕자 한 명을 낳고 일찍 세상을 떠났다. 다시 또 왕비를 뽑았는데 그가 문정 왕후인 것이다. 그 때 나이는 17살이었다.

　문정 왕후는 왕비가 된 지 10년이 넘도록 왕자를 낳지 못했다. 그러자 세자의 자리가 장경 왕후 몸에서 태어난 아들로 결정되어 버렸다.

'두고 보자. 내 반드시 아들을 낳아 중종 임금의 대를 잇게 할 테니…….'

문정 왕후는 아들을 낳아 임금이 되게 하고 싶었다. 하늘은 17년 만에 문정 왕후의 소원을 들어주었다. 기어코 아들을 낳은 것이다.

세월이 흘러 중종이 세상을 떠나고 장경 왕후가 낳은 세자가 왕위에 올랐다. 그가 인종 임금이다. 그러나 임금이 된 지 8개월 만에 세상을 떠나고 말았다. 그 바람에 문정 왕후의 아들이 왕위에 오르게 되었다. 그 때 문정 왕후의 아들은 12살이었다.

문정 왕후는 어린 아들 명종을 대신하여 모든 나랏일을 보았다. 문정 왕후는 자신의 아들이 중종의 뒤를 이어 바로 임금의 자리에 오르지 못하게 된 것은 조정의 신하들 때문이라고 생각했다. 그래서 자신의 편에 서지 않은 사람들을 이런저런 구실을 붙여 죄를 뒤집어씌워 죽이거나 먼 곳으로 귀양을 보냈다. 또 자신의 의견에 반대하거나 임금의 의견에 따르지 않는 사람은 가차없이 처단했다.

문정 왕후는 많은 사람을 죽였다. 그것이 마음에 걸렸는지 나이가 들어 늙어가자 불교에 몸을 의지했다. 또, 고양군에 있는 중종이 묻힌 정릉을 지금의 한국종합무역센터가 자리잡고 있는 봉은사 옆으로 옮겼다.

"이제 머지않아 나도 죽게 될 거요. 그러면 나를 중종 임금 옆에 묻어 주오. 그것이 나의 마지막 소원이오."

문정 왕후는 그 말을 남기고 세상을 떠났다. 그러나 문정 왕후는 마지막 소원을 이루지 못했다. 봉은사 옆의 정릉은 지대가 낮아 홍수 때면 물난리를 치는 곳이었기 때문이다. 신하들은 대책 회의를 열었다.

"문정 왕후의 유언대로 중종이 묻히신 정릉에 모셔야 하오."

"유언을 따르는 것도 좋지만 정릉은 물난리가 잦아 잘못하면 능이 잘못될 염려가 있소. 그러니 좀더 생각해 봅시다."

그래서 결국 신하들은 문정 왕후를 현재의 태릉에 모시는 걸로 의견을 모았다.

"이제 태릉의 유래를 분명히 알겠지?"

나는 두 아이에게 물었다.

"오라, 그렇군요. 나는 태릉의 '능(陵)' 자를 보고 옛날 임금의 능인 줄 알았어요."

문희가 눈을 반짝이며 말했다.

"서울에는 '능' 자가 붙은 동네가 많아. 임금이나 왕족들의 능이 있는 곳이어서 그렇게 이름이 지어졌어. 하지만 그것들이 죄다 임금의 능은 아니야. 태릉은 문정 왕후의 능이고, 미아리에 있는 정릉은 태조 이성계의 왕비 신덕 왕후의 능인 것처럼 왕비의 능도 많지."

어느새 차가 태릉에 도착했다. 우리는 정숙한 마음가짐으로 사적 제201호로 지정된 태릉의 소나무 숲을 걸어 단아하게 정돈된 문정 왕후의 능을 살펴봤다.

▲ **정릉** : 태조 이성계의 왕비인 신덕 왕후가 잠들어 있는 무덤이다.

"아빠, 요 근처에 왕릉이 또 있다고 하던데요?"
"응. 있지. 바로 문정 왕후가 그토록 왕위에 앉히려고 애썼던 그의 아들 명종이 잠들어 있는 강릉이 있단다."
"그래요? 그럼 이왕 여기까지 온 김에 거기도 들렀다 가도록 해요."
정인이가 제법 어른스럽게 말했다.
"그러자꾸나."
나는 정인이의 제안대로 태릉을 한 바퀴 돌고 난 다음 강릉을 향해 차를 몰았다.

치마폭에 휘둘린 명종

"아빠, 명종이 12살에 임금이 되었다고 했잖아요. 지금으로 치면 겨우 초등 학교에나 다닐 나이인데 한 나라의 임금이 되었다니 대단해요."
"그야 왕위를 자자손손 이어가며 물려받는 왕조 시대였으니까 가능했던 거야. 지금처럼 국민이 투표를 해서 나라의 대통령을 뽑는 시대에는 상상할 수도 없는 일이지."
"그러니까 어머니 문정 왕후가 어린 임금인 아들을 대신해서 정치를 했다고 하잖아."
정인이가 아까 내가 들려주었던 말을 잊지 않고 동생에게 아는 척하며 말했다.
"으응? 전에 아빠가 말했는데, 조선 시대에는 '남녀칠세부동석'이었다고."
"맞아. 나이가 7살이 되면 남자와 여자가 한자리에 함께 있지 않는다고. 그건 유교의 가르침이야. 그러니까 유교를 건국 이념으로 삼은 조선 시대에는 양반집에서는 나이 든 남자 여자가 서로 한자리에서 얼굴을 마주 보며 이야기한다는 것은 있을 수 없는 일이었단다."

"그런데 문정 왕후가 어떻게 남자 대신들과 마주 앉아서 정치를 의논하였지요?"

정인이의 질문에 나는 침을 삼키고 답을 하기 시작했다.

"너희들 수렴청정이란 말 들어 봤니?"

"아니요. 그게 무슨 말인데요?"

"수렴청정이란 나이 어린 임금이 왕위에 올랐을 때, 왕대비나 대왕 대비가 임금을 도와서 나랏일을 돌보던 것을 말해. 아마 TV에서 역사극을 할 때 봤을 거야. 왕대비나 대왕 대비가 신하를 만나 이야기를 나눌 때 발을 늘어뜨려 놓고 이야기를 나누는 장면 말이야."

"네, 본 적이 있어요. 왕대비는 이쪽에 앉아 있고 신하는 발 저쪽 편에 엎드려서 보고를 올리는 장면을 봤어요."

"그래. 그렇게 발을 늘어뜨린 데서 '수렴청정'이란 말이 생겨난 거란다."

"아빠, 명종 임금은 어떤 임금이었어요? 어린 나이에 왕이 되었는데 정치는 잘 했나요?"

"아니, 그보다 먼저 명종이 어떻게 왕위에 오르게 되었는지를 말해 줄게."

나는 명종이 왕위에 오르게 된 연유를 설명해 주었다.
"아까도 말했지만 인종 임금은 명종의 이복형님이야. 나이가 18살이나 차이가 나니까 아버지뻘 되는 형님이었지. 인종은 어려서부터 임금의 자리를 물려받을 세자로서 나랏일을 배우면서 자랐어. 그리고 30살에 임금이 되었지. 사람들은 새로 왕위에 오른 인종 임금이 훌륭한 정치를 할 거라고 큰 기대를 가지고 있었어. 인종의 외삼촌이 되는 윤임이란 사람도 꽤 기대가 컸지. 하지만 임금이 된 지 9개월 만에 갑자기 죽고 말았어. 아들도 없이."
"왜요? 나이도 30살이니까 아주 젊었는데, 왜 그랬죠?"
"글쎄, 모르지. 당시 사람들도 쑤군쑤군 말이 많았다니까."
"어떻게요?"
"뭐 문정 왕후가 찹쌀떡을 주었는데, 그걸 먹고 시름시름 앓다 죽었다나. 하지만 확실히 밝혀진 것은 아니야. 그래서 문정 왕후의 아들인 경원 대군이 임금이 된 것이야. 바로 명종이지"
"그렇다면 문정 왕후는 소원을 푼 셈이네요. 평소에 자기 아들을 임금 자리에 앉히려고 무던히 애를 써 왔잖아요."
"당연하지. 아들이 왕이 되고 안 되고에 따라서 그 권력의 힘이란 게 막강했으니까."
"아들이 임금이 되자 문정 왕후는 아까도 말했다시피 수렴청정을 했어. 이 때 정치에 크게 끼여든 사람이 문정 왕후의 남동생 윤원형이야. 명종한테는 외삼촌이 되지. 문정 왕후는 명종의 외삼촌과 손을 잡고 정치를 좌지우지했지."
"그럼 명종은 이름만 임금이었네요?"
"그런 셈이지. 나이가 너무 어렸으니까 어쩔 수 없었어."
"어쨌거나 나라의 모든 책임은 임금한테 있는 거잖아요. 어떤 일이 일어났든지 간에 잘하고 잘못한 건 그 왕조의 일로 역사에 남을 테니까요."
"맞아. 사실, 명종 임금 때는 선비들이 수난을 당하는 사화도 많이 일어났어."
"사화라고요?"
"그래. 명종이 임금이 되자 문정 왕후와 윤원형은 정적을 없애는 일부터 시작했어."
"그게 어떤 것인데요?"
"아주 무시무시한 일이었단다. 죽은 인종의 외삼촌인 윤임과 그 일파를 죽이는 일이었어. 조금이라도 핑곗거리가 있으면 줄줄이 모두 엮어서 죽이고 귀양보내 버렸으니까. 1545년 을사년에 있었던 일이라서 '을사사화'라고 하지. 참으로 훌륭한 선비들이 파벌 싸움 때문에 목숨을 잃었지."
"아, 정말 끔찍스러운 일이네요. 그럼 명종 임금님이 어머니 문정 왕후나 외삼촌 윤원형의 간섭을 받지 않고 정치를 한 건 언제부터예요?"
"간섭을 벗어난 건 문정 왕후가 죽고 난 후이지. 하지만 명종 임금도 정치를 별로 잘하지 못했어. 어머니의 드센 간섭 속에서 자라온 때문인지는 몰라도 명종 임금은 우울증이 심각한 정도였대. 성격도 꽤나 변덕이 심했고……."
"어찌 보면 어머니 때문에 피해를 입은 것이네요."
"글쎄 한 마디로 말할 수는 없지. 어쨌든 명종도 불행한 임금이었어. 자기 어머니가 외삼촌을 끌어들여 정치를 좌지우지하는 걸 보고는 자기도 이런 걸 막아 보려고 왕비의 외삼촌을 정치에 끌어들였어. 하지만 왕비의 외삼촌이라고 별다르지 않았어. 그 사람 역시 자기 일파를 만들고, 자기 이익을 챙기는 일에만 열심이었지. 그러니 나랏일이 제대로 잘 될 리가 없지. 그렇게 20여 년을 어머니 문정 왕후의 간섭을 받으며 휘둘리고 살다 막상 그 어머니의 간섭을 벗어나게 되니

▼강릉 : 명종과 인순 왕후 심씨가 묻힌 곳으로 서울시 노원구 공릉동에 위치한다.

까 병들어 죽었잖니."
"아니, 왜요?"
"나랏일에 지친 때문인지 문정 왕후가 죽고 2년 뒤에 명종도 병으로 세상을 떠났어. 자식도 아들이 하나 있었지만 13살에 그만 죽고 말았지."
"그럼 누가 왕위를 이었어요?"
"명종 임금은 중종의 후궁인 창빈 안씨가 낳은 덕흥군의 셋째 아들인 하성군을 무척 귀여워했어. 죽은 순회 세자보다 한 살 어렸지. 그래서 명종은 하성군을 늘 가까이 두고 예뻐하면서 마음 속으로 세자로 정해 놓고 있었다고 해. 자신이 자주 병에 걸려 눕게 되자 오래 못살 것을 예감했는지, 왕명을 내려서 봉서를 쓰게 했대. 자신이 죽으면 하성군을 보위에 앉히라고 말야. 그래서 명종이 숨을 거두기 전에 중전이 봉서를 증거로 하성군에게 왕위를 물려줄 것을 명했지. 그래서 명종 다음으로 왕위에 오른 분이 선조 임금이야."
이야기를 나누다 보니 어느새 강릉 입구에 도착했다.
강릉은 명종과 그의 왕비인 인순 왕후 심씨가 묻혀 있는 곳이다. 태릉과 마찬가지로 병풍석이 둘러져 있고, 봉분 주위에는 석양, 석호 등이 호위하듯 서 있고, 봉분 앞에는 상석과 망주석, 문인석과 무인석 등이 서 있었다.
왕릉을 한 바퀴 돌아본 우리는 석양을 바라보며 천천히 귀가 길에 올랐다.

조선 사람과 말

"정인이와 문희는 말을 타 보았지?"
나는 마장동 쪽으로 차를 몰며 말했다.
"예, 전번에 제주도에 갔을 때 타 보았어요."
문희와 정인이가 동시에 말했다.
"만약 자동차 대신 말을 타고 이 거리를 달린다면 어떻겠니?"
"신날 것 같아요. 마치 카우보이가 된 기분일 거예요."
정인이가 신이 나서 말했다.
"아유, 쟤는 전번에 말을 탈 때도 무섭다고 야단이더니……."
문희가 그렇게 말하자 정인이는 펄쩍 뛰며 부인했다.
"내가 언제 그랬어?"
"말 타고 찍은 사진을 봐. 네가 울상을 짓고 있는지 아닌지."

"누나도 마찬가지였어. 말 위에 올라가서는 겁이 나서 벌벌 떨어 놓고는……."

나는 두 아이가 말다툼하는 것을 보며 껄껄 웃었다.

"말을 처음 탈 때는 누구나 두려운 마음을 가지는 거야. 하지만 옛날 사람들처럼 날마다 말을 타고 다니면 말과 친해져서 그런 두려움이 없어지게 돼."

옛날에는 말이 중요한 교통 수단의 하나였다. 전쟁 중에 물자를 운반하거나 신속한 연락을 취할 때에도 말을 많이 이용했다. 그러므로 전국에는 말을 키우는 목장이 많았다.

▲**조랑말을 타고 여행하는 사람들** : 조선 시대 양반들은 먼 길을 갈 때면 머리에 갓을 쓰고 말을 타고 다녔다.

서울에는 말과 관련된 지명들이 있다. 마장동을 비롯하여 말죽거리, 마천동 등등.

"얘들아, 여기가 마장동이야."

"으응? 그럼 여기도 말과 관계가 있나 보네요. 마장동의 '마' 자가 '말 마' 자 맞죠?"

정인이가 제법 아는 척하며 말했다.

"야아, 제법인데. 맞았어. '말 마' 자에다 '마당 장' 자를 쓰지."

"아빠, 그럼 옛날에는 이 곳에 말들이 많았나 봐요. 안 그런가요?"

▲마굿간 : 조선 시대에는 도성 밖에 양마장을 설치해 말을 길렀다.

정인이도 끼여들며 말했다.
"그래. 옛날 조선 초기부터 이 곳에는 말을 기르던 양마장이 있었대. 옛날에는 임금님이 사시던 사대문 안을 성 안이라고 했어. 그래서 성 밖인 이 곳에서 말을 키웠대. 그러한 연유로 동네 이름이 마장동이라고 지어진 거지."
조선 시대에는 말의 수요가 많았다. 말은 전장터에서도 쓰였고, 교통 수단으로도 많이 쓰였다. 그래서 전국에 양마장을 설치하였다.
지금의 마장동은 서울 특별시 성동구에 속해 있다. 동 이름은 조선 초기부터 양마장이 있었던 데서 유래한다.
이 곳은 조선 초기에는 한성부 동부 인창방 지역이었다. 그 후 1911년 일제에 의해 경성부 인창면 마장리로 불리웠고, 1914년에는 경기도 고양군 한지면 마장리로 바뀌었다가, 1936년에 경성부에 편입되어 마장정으로 행정 구역이 바뀌었다. 이후 1943년에는 성동구에 속하게 되었고, 해방 이듬해인 1946년에 이르러 지금의 마장동으로 동 이름이 바뀌었다.
일제 강점기에 만들어진 지도를 보면 지금의 마장동을 '웅마장리', 자양동을 '자마장리'로 기록해 놓았다. 이런 것을 보면 마장동에서는 수말만 키운 것으로 보인다. 그런데 대동여지도 같은 옛날 지도에는 구마장으로 표기되어 있다.
지금 마장동에서는 말을 구경할 수 없다. 그렇지만 한때 이 곳은 가축 시장 즉 우시장도 있었다. 지금은 가축 시장은 없어졌으나 대신 도축장과 축산물 시장이 있어서 서울 시민에게 축산물과 식육을 공급하고 있다.

"아빠, '마' 자가 들어가는 동네 이름이 또 있어요. 마천동이라고 우리 친구가 그 동네에 살고 있어요."

"그럼 거기도 틀림없이 말과 관계된 무슨 이야깃거리가 있겠다."

정인이가 엉덩이를 들썩거리며 말했다.

"맞아. 틀림없이 그럴 거야."

두 녀석이 제법 신이 나서 떠들어댔다. 저희들의 짐작이 틀림없다는 듯 거의 확신에 찬 모습들이었다. 그래서 나도 저들의 기분을 한껏 띄워 주었다.

"야아, 너희들은 정말 수재들이다. 하나를 가르쳐 주면 금방 다섯 여섯을 알아낼 정도니 아빠도 놀랍다. 역시 너희는 대단해."

나는 환히 웃는 얼굴로 아이들을 기쁘게 해 주었다.

"너희들 말대로 마천동이란 이름도 말과 관계가 있어. 마천동이란 이름은 마을 동쪽에 있는 마산(천마산이라고도 함)에서 비롯되었다고 해. 마천동이란 이름에 얽혀 있는 또 다른 재미있는 이야기도 있지."

"그게 뭔대요? 어서 말해 주세요."

"조선 시대 유명한 임경업 장군이 이 곳에서 백마를 얻어 거여동 지역을 지나다가 말에게 물을 먹인 곳이 백마물이란 곳

▲ **임경업의 묘** : 이괄의 난을 평정하고 병자호란 때는 친명파로 활약하며 피해를 줄이려 한 장군이다.

인데, 가뭄이 심해도 물이 마르지 않고 계속 솟아 나온다고 해서 '마천동'이라고 이름을 지었대. 그리고 임경업 장군과 관련된 또 다른 이야기들이 있단다. 병자호란 때 마산에서 용마가 나와서 임경업 장군이 개롱리에서 갑옷을 입고, 투구봉에서 투구를 쓴 뒤에 여기 마천동에서 용마를 타고 전쟁터로 나갔다는 말도 있어."

"아빠, 그럼 말죽거리는 뭐예요? 그 동네는 말들한테 말죽을 주는 데였나?"

"그래 그래. 정확히 잘 맞혔구나."

내 목소리도 아이들처럼 조금 들떠 있었다. 나는 아이들에게 말죽거리에 관련된 이야기를 들려주었다.

69

말죽거리는 지하철 3호선이 지나는 양재역 일대를 말한다. 이 곳의 이름이 말죽거리로 불리게 된 데에는 인조 임금과도 연관이 있다.

광해군이 포악한 정치를 하여 백성을 못살게 하자 신하들은 그를 왕위에서 쫓아냈다. 그리고 다음 임금으로 인조를 모셨다.

인조는 폭군 광해군을 물리친 공로가 많은 사람에게는 높은 벼슬을 주고, 적은 사람에게는 낮은 벼슬을 주었다.

그 때 이괄이라는 사람이 있었다. 그는 많은 공을 세웠지만

▼**장릉** : 인조와 인열 왕후 한씨가 잠들어 있는 무덤이다.
(경기도 파주시 탄현면)

그에 해당하는 높은 벼슬을 받지 못하자 불만을 품고 있다가 난을 일으켰다. 자신의 부하 군사들을 앞세워 임금이 있는 한양으로 쳐들어온 것이다.

인조 임금과 신하들은 군사를 보내 이괄을 잡아오게 했다. 그러나 인조가 보낸 군사들은 어이없게도 이괄에게 패하고 말았다. 이괄의 군사들은 사기가 드높이 올라 단숨에 궁궐까지 쳐들어왔다.

인조는 가까스로 궁궐을 빠져나와 신하들을 데리고 피난길에 나섰다. 급하게 피난하느라고 한강에 도착해서야 왕비와 대비가 보이지 않는 것을 알았다.

"대체 어찌된 일이냐? 왕비와 대비 마마 일행이 보이지 않으니……."

"전하, 곧 뒤따라올 것이옵니다. 전하께서는 먼저 강을 건너셔야 합니다."

신하들이 배를 갖다 댔다.

"대비 마마를 두고 어찌 나 혼자 강을 건넌단 말이오? 여기서 기다렸다 함께 건너겠소."

인조는 한참 동안 왕비와 대비 일행을 기다렸으나 나타나지 않았다. 칠흑 같은 어둠이 찾아왔다. 인조는 더 이상 기다릴 수가 없었다. 일단 강을 건너가서 기다리기로 작정했다.

인조와 신하들은 강을 건넌 다음 밤을 꼬박 새며 대비 일행을 기다렸으나 오지 않았다. 다음날 아침이 훤하게 밝아오자 대비 일행이 배를 타고 건너왔다.

　인조와 그 일행은 궁궐에서 겨우 몸만 빠져나왔기 때문에 먹을 것을 준비하지 못했다. 그들은 길을 재촉했다. 아침 무렵이 훨씬 지나서 지금의 양재역 부근에 도착했다.

　인조와 신하들은 아침을 굶은지라 무척 배가 고팠다.

"잠시 쉬었다 가자."

　인조는 잠시 말에서 내렸다. 그 때 한 신하가 무엇을 그릇에 들고 와 인조에게 내밀었다.

"그게 뭐냐?"

　인조가 물었다.

"황공하옵니다, 전하. 난리통이라 먹을 것을 구하지 못해 콩죽을 쑤어서 가지고 왔습니다."

　신하는 임금님께 콩죽을 드린다는 것이 몹시 민망스럽고 죄스러웠다.

"오냐, 고맙다."

　인조는 하도 배가 고프던 터라 그것을 맛있게 먹었다.

　그 때부터 그 곳을 말죽거리라고 부르게 되었다.

"나는 말이 죽을 먹는 곳이어서 말죽거리라고 하는 줄 알았어요."

　내 이야기를 다 듣고 나자 문희가 말했다.

"양재역뿐만 아니라 어느 역이나 다 마찬가지로 말한테 죽을 쑤어 주는 곳이 있었지."

나의 말이 끝나기도 전에 이번에는 정인이가 끼어들었다.
"아빠, 말에게 죽을 쑤어 주던 곳이 지금은 다 주유소로 변했어요. 이젠 자동차에 기름을 넣어 주어야 되잖아요."
우리는 정인이의 말을 듣고 한바탕 웃었다.

▲ 현재의 말죽거리 일대

창경궁의 비극

"여기가 어딘지 아니?"
"아빠는 참, 창경궁이지 어디예요?"
문희는 나의 물음에 당연하다는 듯이 대답했다.
"그렇지. 분명히 창경궁이야. 하지만 불과 십수 년 전만 해도 창경궁이 아니었어. 그 땐 창경원이라고 불렀단다. 그리고 온갖 동물들이 창경원을 지배하고 있었어."
"그게 무슨 말이에요. 아빠?"
"조선 왕조 5대 궁궐 중 하나인데도 불구하고 사람들은 우리 민족의 맥박이 흐르고 임금님이 살던 존엄한 곳임을 깨닫지 못했어. 그래서 잔디밭에 둘러앉아 술을 마시고 춤을 추고 노래하며 쓰레기를 함부로 버리며 놀았단다."
문희는 나의 말을 이해하지 못했다. 하긴 문희가 알 리 없으니까. 나는 정인이와 문희가 창경궁에 얽힌 슬픈 이야기를 반드시 알아야 한다고 생각했다. 대한민국의 국민이라면 우리의 슬픈 역사를 배워서 두 번 다시 그런 일이 생기지 않도록 지혜를 발휘해야 하니까.

옛날 고려 시대에는 지금의 서울을 남경이라고 했다. 남쪽에 있는 서울이라는 뜻이다. 그리고 이 곳 창경궁 터에는 수강궁이라는 궁궐이 있었다.

조선의 세종 대왕은 아버지 태종이 임금의 자리에서 물러나자 수강궁을 새로 지어 여생을 편히 지내도록 하였다.

그 후 여러 임금을 거치면서 창경궁은 점점 더 궁궐의 면모를 갖추어 나갔다. 그러다가 선조 임금 때 임진왜란이 일어나자 경복궁과 함께 불타 버리고 말았다.

선조의 뒤를 이어 광해군이 임금이 되었다. 광해군은 임진왜란 때 폐허가 된 창경궁을 우여곡절 끝에 다시 지었다. 그러나 인조 때 또다시 불에 타 버렸다. 창경궁의 비극은 그 때부터 시작되었다.

조선 제21대 영조 임금 때의 일이다. 영조는 창경궁에서 중요한 나랏일을 처리하고 중요하지 않은 일은 왕세자가 처리하도록 맡겼다. 그런데 영조는 자신의 아들인 왕세자를 못마땅하게 여기며 좋아하지 않았다. 왕세자로서 자격이 부족하다고 생각했기 때문이다. 세자는 그런 아버지가 두려웠다.

어느 날 세자는 임금님 몰래 평양에 가서 놀다 오기도 하고 궁녀를 죽이는 등 나라에서 금지한 일을 저질렀다. 그리고 옷

▲ 영조 대왕

을 입지 못하는 병에 걸려 많은 사람들을 괴롭혔다. 나중에는 영조 임금의 명령을 듣지도 않았다.

어느 날 영조 임금이 기우제를 지내는데 세자는 나타나지도 않았다. 영조 임금은 세자를 불러 놓고 크게 꾸짖었다.

"네 이놈, 이젠 아비의 말도 말같이 들리지 않느냐? 지금 온 나라가 가뭄이 들어 걱정인데 너는 대체 무엇을 하느라고 기우제에 참석하지 않았느냐?"

"……."

세자는 아버지 영조에게 말 한마디 못했다.

"너는 더 이상 세자로서 자격이 없다. 이젠 내 자식도 세자도 아니다. 그런 줄 안다면 네 손으로 네 목숨을 끊어라!"

영조는 세자에게 자결하라고 명령을 내렸다.

"아바마마, 용서해 주십시오. 앞으로는 아바마마의 기대에 어긋나지 않는 훌륭한 세자가 되겠습니다."

세자는 울면서 빌었다. 그러나 영조는 아들을 용서하지 않았다. 영조는 군졸들에게 커다란 쌀뒤주를 가져오게 했다.

"좋다. 네 스스로 목숨을 끊기 싫다면 이 쌀뒤주 속에 들어가라!"

영조가 명령을 내리자 신하들이 말렸다.

"전하, 세자는 전하의 아들이옵니다. 세자는 병이 들어 몸이 불편합니다. 제발 세자를 용서해 주십시오."

영조는 말리는 신하의 목을 쳤다.

"누구든지 세자의 편을 들면 이렇게 되리라!"

영조가 고함을 지르자 세자는 하는 수 없이 뒤주 속으로 들어갔다. 영조는 세자가 뒤주 안으로 들어가자 자물쇠를 채우고 못을 박았다.

"아바마마, 잘못했습니다. 한번만 용서해 주십시오. 이젠 아바마마께서 시키는 대로 잘 하겠습니다. 아바마마! 아바마마, 제발!"

뒤주 속에 갇힌 세자는 울면서 간절히 애원했다. 그러나 영조는 두 귀를 막고 뒤주 곁을 떠났다.

세자는 밥은커녕 물 한 모금 마시지 못했다. 영조는 만일 세자에게 물이나 먹을 것을 주는 사람이 있다면 그 역시 극형에 처하겠다고 명했다.

다음날 영조는 세자가 들어 있는 뒤주 위에 두엄(풀과 짚으로 만든 거름)을 얹게 했다. 세자가 숨을 못 쉬도록 한 것이다.

불쌍한 세자는 뒤주에 갇힌 채 8일 만에 숨을 거두고 말았다. 이분이 바로 정조 임금의 아버지인 사도 세자이다.

창경궁의 비극은 여기서 끝나지 않았다.

1907년 조선의 제27대 임금 순종이 덕수궁에서 창덕궁으로 옮겨 나랏일을 보자 일본 관리는 이 기회에 창경궁을 아예 없애 버리려고 계획을 세웠다. 당시 조선은 국력이 약해져 있었다. 그로 인해 일본인들이 들어와 활개치던 시절이었다.

"지금 순종 임금이 창덕궁에 계실 때 창경궁을 대대적으로 개조해 버립시다. 아예 궁궐로 사용할 수 없게 건물을 헐어 내고 동물원과 식물원을 만듭시다."

"그건 왜?"

데라우치 통감은 처음에는 그 말의 뜻을 몰랐다.

"창경궁 안에 동물원과 식물원을 만들어서 시민들에게 공개하면 조선의 왕권은 땅에 떨어질 것입니다. 그런 다음 다른 궁궐도 하나씩 없애 버리는 겁니다."

왕조 시대에 궁궐은 곧 국권을 상징한다. 부하의 설명을 듣고 난 데라우치 통감이 말했다.

"그것 참 좋은 생각이다!"

일본 관리들은 수단과 방법을 가리지 않고 조선의 맥을 끊으려고 궁리하고 있던 참이었다.

공사는 바로 시작되었다. 일제는 창경궁의 많은 건물을 헐어 내고 동물원과 식물원을 만들었다. 또 한쪽에는 일본식 건물을 짓고 소나무를 베어 낸 자리에 일본의 나라꽃인 벚나무를 심었다.

▲ 창경원이던 시절의 창경궁 : 벚꽃이 만발한 봄이면 행락객들로 몹시 붐비고 시끄러웠다.

　이 때는 이미 한일합방이 된 이후여서 조선의 임금과 신하들은 아무런 실권이 없었다. 나랏일이 일본 관리의 손에 달린 셈이었다. 조선 사람이 조선 백성을 다스리지 않고 일본 관리가 다스린다니 이 얼마나 불행한 일인가.

　그렇게 하여 한 나라의 지엄한 임금님이 살던 창경궁에 맹수들의 우리와 식물들이 자라는 식물원이 들어섰다. 궁궐로서의 생명이 끝나 버린 것이다. 이름도 창경궁에서 창경원으로 낮추어 불렀다.

　우리 나라 사람들은 일본의 꿍꿍이속도 모르고 창경원의 동식물을 구경하며 즐거워했다. 광복 후에도 창경궁은 계속 창

▲ **창경궁 명정전** : 창경궁의 정전으로 임금님이 신하들의 새해 인사를 받거나 국가의 큰일을 치루는 장소로 사용하던 곳이다.

경원으로 불리웠다. 그러던 차에 1977년 서울 특별시에서는 과천에 서울대공원을 만들어 창경원의 모든 시설을 옮기고 창경궁을 원래 모습대로 복원하려는 계획을 추진했다.

"진작 그렇게 했어야 했어. 우리들이 창경원에 와서 하루를 즐겁게 보냈지만 간악한 일본놈들의 속마음을 안 이상 궁궐을 놀이터가 되도록 내버려 두어서는 안 돼."

많은 사람들이 창경원을 옛날의 창경궁으로 복원시켜야 한다고 말했다.

그리하여 1983년 동식물원을 과천으로 이전하고, 이름도 원래대로 창경궁으로 불렀다.

  창경궁은 우리 민족의 자존심이요 숨결이다. 공사가 하나씩 진행되면서 창경궁은 서서히 옛날의 모습을 되찾기 시작했다. 우리 민족은 도난당한 역사를 되찾은 기분이었다. 그리하여 창경궁은 예전의 중요 전각들만 정비 복원된 채로 오늘에 이르고 있다.

  나는 문희와 정인이의 손을 잡고 말끔히 단장된 창경궁을 거닐면서 옛날 우리 조상들의 숨결을 느껴 보았다.

아, 독립문

"이젠 독립문을 보러 가자."
창경궁을 나오면서 아이들에게 말했다.
"에이, 독립문에 뭐가 볼 게 있어요? 다른 데로 가요."
정인이가 말했다.
"아니야, 잘못 알고 있는 거야. 독립문이야말로 우리 민족에게 등대와 같은 역할을 해 왔어."
"독립문이 어떻게 등대와 같아요?"
"우리 민족이 나아갈 길을 밝혀 주는 역할을 했기 때문이지. 암울한 일제 시대에 우리 민족의 희망이 무엇이었겠니?"
나는 문희에게 물었다.
"독립이죠."
"그렇지, 독립이었어. 하지만 아무도 '독립'이라는 말을 입 밖에 내지 못하던 시절이었어. 그러나 서대문에만 오면 '독

▲ **독립문** : 독립 협회가 한국의 영구 독립을 위해 국민의 성금을 모아 세운 것이다.

립문'이라는 글씨가 한글로 커다랗게 새겨져 있으니까 우리 민족의 나아갈 길을 밝혀 주는 등대와 같은 역할을 한 거지."

"그 지독한 일본이 어째서 독립문을 부수지 않았지요?"

"궁궐을 마음대로 헐어 버리는 일본도 독립문만은 함부로 건드리지 않았어."

"왜요?"

"지금부터 내 이야기를 잘 들어 보면 답이 나올 거야."

나는 숨을 크게 들이쉰 다음 독립문에 얽혀 있는 역사적 이야기를 시작했다.

독립문 앞에는 두 개의 돌기둥이 우뚝 서 있다. 그것은 옛날 중국의 사신을 맞이하던 영은문의 기둥이다.

조선은 중국이 힘세고 큰 나라여서 어버이처럼 섬겼다. 우리 나라에서 생산되는 많은 공물을 중국에 갖다 바치며 나라의 안정을 도모해 왔다.

▲독립문을 건립하기 위해 중국 사신을 맞이하던 영은문을 헐고 있다.(1896년 11월 21일)

영은문은 조선의 왕이 몸소 중국 사신을 마중 나오는 곳이었다. 중국 사신은 조선의 임금 앞에서 무례한 행동을 하기가 일쑤였다. 그러나 임금은 조선 왕조와 백성들의 평안을 위해 어떤 굴욕도 참아야 했다. 힘이 약한 나라의 사대주의 외교였다.

"폐하, 이제 우리 조선은 독립 협회를 결성해야 합니다. 그래서 협회가 중심이 되어 개혁을 해야 합니다. 더 이상 강대국에게 끌려다닐 수는 없습니다. 우리 나라는 우리가 지켜야 합니다."

나라를 걱정하는 서재필, 이상재 등은 고종 황제에게 이렇게 건의했다.

사실 서재필은 1884년 12월에 김옥균, 홍영식 등과 함께 갑신정변을 일으킨 적이 있다. 그 때 그는 18살의 나이로 지금으로 말하면 국방부 차관에 해당하는 병조참판과 정령관의 지위에 있었다.

갑신정변은 김옥균을 비롯한 개화 사상을 가진 젊은 개화파들이 일본을 이용해 조선의 자주 독립과 근대화를 목적으로 일으킨 정변이었다. 그러나 이에 반대하는 세력에 의해 갑신정변은 3일 만에 실패로 끝났다. 이 때 명성 황후는 러시아의 힘을 빌려 일본 세력을 조선에서 몰아내고자 했다.

갑신정변이 실패하자 서재필은 일본을 거쳐 미국으로 망명했다. 서재필은 조지워싱턴 대학에 입학하였고, 졸업 후에는 세균학을 연구해 박사 학위를 받았다.

1885년 명성 황후가 일본인 자객의 손에 죽는 불행한 일이 일어났다. 그로부터 10년의 세월이 흐른 뒤 서재필은 지난날의 죄를 사면받고 귀국하여 중추원 고문으로 고종 황제 곁에서 일했다.
　당시 우리 나라는 매우 곤란한 지경에 빠져 있었다. 대원군의 쇄국 정책으로 다른 나라의 사정을 너무 몰랐다. 우물 안 개구리처럼 살며 다른 나라의 발전된 문물을 받아들이지 않았다. 그래서 결국 임진왜란 이후 또다시 일본 세력에 휘둘리며 일본과 청나라 그리고 러시아의 틈바구니에 끼어서 이러지도 저러지도 못하고 모든 것을 빼앗기는 형편이 되고 말았다.
　나중에는 서양 열강들까지도 끼어들어 고종 황제를 보호해 준다는 핑계로 우리 나라에서 갖가지 이권을 빼앗아 갔다. 광산의 채굴권, 산의 나무를 베어 갈 수 있는 삼림 벌채권 등등 무엇이든 빼앗아 갔다.
　중추원 고문 서재필은 다른 나라에 이권을 빼앗기는 것을 막고, 자주 독립을 강화할 수 있는 방법을 찾기에 고심했다.
　"폐하, 독립 협회가 발족하면 제일 먼저 영은문을 부수고 그 자리에 독립문을 건설하겠습니다. 백성들은 독립문을 보고 자주 의식을 깨닫게 될 것입니다."
　서재필 박사는 독립 협회 결성의 목적과 필요성을 설명했다.
　"좋소. 조선은 우리 조선인이 다스려야 하오."
　고종 황제도 뜻을 같이했다. 이렇게 해서 독립 협회를 만드

▲ 서재필은 한국 최초의 한글판 신문인 《독립신문》을 발간했다. (미국의 서재필 기념관 소장)

는 데 가장 중심이 된 사람이 서재필 박사였다. 그 밖에 이상재·남궁억·이승만 등이 독립 협회를 결성하는 데 큰 힘이 되었다. 이완용 같은 정부 요인들도 처음에는 이들과 뜻을 같이해 독립 협회에 가담했다.

당시 일본은 서울에서 《한성순보》라는 신문을 발간하여 여론을 제멋대로 조작하고 자기들에게 유리한 쪽으로 몰고 갔다. 그래서 이에 대응할 만한 신문의 발행이 절실히 필요했다.

서재필은 무엇보다 먼저 일반 백성들을 깨우쳐야겠다고 생각했다. 그리하여 1896년 4월 7일 《독립신문》을 창간하였다. 《독립신문》은 순한글판이어서 한글을 깨우친 사람은 누구나 읽을 수 있었다.

같은 해 7월 2일에는 독립 협회가 창립되었다. 독립 협회는 처음에는 토론회·연설회 등을 열어 민중 계몽 운동에 힘쓰며 많은 젊은이들을 모았다. 그러나 점차 정치 문제에 관심을 가지고 실천에 옮기게 되었다. 11월에는 중국 사신들을 위해 환영 잔치를 베풀던 모화관을 독립관으로 바꿔 부르고, 그 곳을 집회장으로 사용하였다. 그리고 중국 사신을 맞이하던 영은문 자리에 독립문을 세워 독립 정신의 상징으로 삼기로 했다.

영은문이란 조선이 중국을 '부모의 나라'로 생각하여 은혜를 맞이한다는 뜻이다.

"영은문은 우리 민족의 수치입니다. 주권을 가진 민족으로서 몇백 년씩 중국의 사신을 맞이하는 문을 세워 놓고 있다니 말이 안 됩니다."

"그렇습니다. 이것은 사대주의의 표상입니다. 그러므로 없애 버려야 합니다."

독립 협회의 의견에 뜻을 같이하는 많은 백성들은 쌈짓돈을 꺼내 독립문을 건설하는 데 보태 쓰라고 헌납했다.

독립문은 백성들의 적극적인 모금으로 일 년의 공사 끝에 1897년 11월에 완공되었다. 영은문이 사라지고 그 자리에 서양식의 독립문이 우뚝 자리를 잡았다.

독립문은 프랑스의 에투알개선문을 서재필이 스케치한 것을 바탕으로 독일 공사관의 스위스인 기사가 설계를 하였다. 그러나 자재는 우리 나라에서 생산되는 화강암을 사용하였다.

중앙에는 홍예문이 있고 왼쪽 내부에는 지붕으로 올라가는 돌계단이 있다.

일본이 독립문을 짓는 데 방해하지 않은 까닭은, 원래 이 자리가 중국의 사신을 맞이하는 곳이어

▲독립문 : 1897년 독립 정신 고취를 위해 독립 협회가 주관하여 세웠다.

서 일본 관리들이 싫어하던 곳이었기 때문이다. 어떻게 하면 중국 사신을 맞이하는 영은문을 없앨까 하고 궁리하던 차에 조선 사람들이 헐겠다고 나서니 반대하지 않았던 것이다.

독립문은 6·25 한국전쟁 때 포탄을 맞아 일부가 파괴되었다. 십 년이 넘도록 방치했다가 1966년 보수 공사를 하여 겨우 제 모습을 갖추었다.

원래 독립문은 교차로 한가운데 자리하고 있었다. 그러나 현대에 이르러 도시가 날로 발전하고 교통량이 늘어남에 따라 독립문 위로 고가도로를 건설하지 않으면 안 되었다. 그래서 어쩔 수 없이 독립문을 옮기지 않을 수 없게 된 것이다.

지금의 독립문은 원래 있던 자리에서 북서쪽으로 70미터쯤

▲ **서대문 형무소 지하 옥사** : 일제가 우리 애국지사들을 가두고 모질게 고문한 지하 감옥이 있는 옥사이다.

옮겨졌다. 대신 예전의 독립문이 있던 자리에는 '독립문지'라고 쓴 석판을 묻어 놓았다.

독립문은 우리 나라가 외세의 침략에 시달리고 있을 때, 민족의 독립 정신을 세계 만방에 보여 준 등대의 역할을 충분히 해낸 것이다.

"자, 이젠 독립 공원으로 가 보자."

독립문을 한 바퀴 둘러본 우리는 말끔히 단장된 공원으로 발길을 옮겼다.

독립문 바로 북쪽에 있는 독립 공원은 '독립'의 말에 어울리지 않게 많은 독립 투사들이 고초를 겪던 곳이다. 일본은 한일 합방 이후 독립 공원 자리에 형무소(지금의 교도소)를 지어 독립 운동을 하는 조선 사람들을 마구 잡아다가 모진 고문을 했다. 고춧가루를 탄 물을 코에 붓는가 하면, 벌겋게 달아오른

뜨거운 인두로 살을 지지는 등 차마 사람으로서는 할 수 없는 만행을 감행했던 곳이 여기다.

"어머나, 저것 봐! 진짜 사람을 고문하는 것 같다!"

문희는 지하 전시실에 들어서자 깜짝 놀라 소리쳤다.

"저건 밀랍 인형이야. 일본놈들은 저보다 더 지독하게 조선 사람을 고문했단다. 얼마나 지독했으면 이 곳에 한 번 들어오면 온전한 몸으로 밖에 나간 사람이 없을 정도였겠어."

"아빠, 무서워. 빨리 나가요."

정인이가 말했다. 정인이는 남자답지 않게 겁이 많았다.

▲ **서대문 형무소** : 일제 식민지 시대에 독립 운동을 하던 애국지사들이 감금되어 고초를 당했던 민족 통한의 역사 현장이다.(사적 제324호)

남한산성에서 통곡하다

"아빠, 여긴 왜 이렇게 길이 험하고 꼬불꼬불해요?"
"아빠, 조심해서 운전하세요. 밑에는 낭떠러지예요."
정인이와 문희는 남한산성으로 올라가는 험한 자동차 길이 내심 불안한 모양이었다.
"걱정 마라. 아빤 지금 조심 운전을 하고 있어."
나는 기어를 2단으로 놓고 천천히 올라갔다. 산중턱을 깎아 길을 만들었기 때문에 무척 꼬불꼬불했다. 그리고 오른쪽 아래는 깊은 골짜기여서, 만일 자동차가 굴러 떨어진다면 산산조각이 날 것 같았다. 그래서 겁이 많은 정인이가 불안해했다.
산 정상 가까이 오르자 저 멀리 경기도 성남시와 서울의 송파구가 성냥갑처럼 보였다. 옛날에는 이 곳에 오르려면 시간과 힘이 무척 많이 들었을 거라는 생각이 들었다.
드디어 우리는 남한산성 입구에 다다랐다. 커다란 성문이 터억 버티고 섰고, 양 옆에는 돌로 쌓은 성벽이 뱀처럼 구불구불 끝없이 뻗어 있었다.

"아빠, 이 돌들은 어디서 다 날라온 거예요?"

정인이는 성벽 전체가 돌로 쌓여져 있는 것을 보고 신기해서 물었다.

"아마, 이 산 저 산에 흩어진 것을 다 긁어 모았겠지. 그러고도 모자랐으면 저 아랫마을에서부터 지고 올라왔겠지."

"우와! 옛날 사람들은 대단하다. 여기까지 차 타고 오는 것도 힘든데, 걸어오는 것도 아니고 돌을 짊어지고 여기까지 올라오다니……."

문희는 입을 다물지 못했다.

"이 성을 쌓기 위해 얼마나 많은 사람이 동원되었고, 또 그 사람들이 얼마나 힘들게 이 성을 쌓았는지 한번 생각해 보렴."

"아빠, 그렇게 힘든 일을 옛날 사람들은 왜 했어요?"

정인이는 이상하다는 듯이 물었다.

"응, 그건 아주 중요한 질문이다. 정인이가 오랜만에 좋은 질문을 했구나."

나는 정인이를 칭찬해 주면서 옛날 사람들이 이 성을 쌓을 수밖에 없었던 이유를 설명해 주었다.

남한산은 서울의 남쪽인 송파구 마천동과 이어져 있어서 서울 시민과 주변의 많은 사람들이 즐겨 등산하는 곳이다.

▲남한산성은 삼국 시대 이래로 우리 민족사의 중요한 요충지였으며 병자호란 때는 인조가 피신했던 곳이다.

　남한산성이 서울에 포함되는 것은 아니나 서울 600년의 역사 동안, 아니 우리 나라 반만 년 역사 가운데 처음으로 침략자 앞에서 우리 임금이 직접 땅에 엎드려 항복을 하고 눈물을 뿌렸던 통곡의 역사가 있어 반드시 알고 넘어가야 할 대목인 것이다.

　남한산성을 처음 쌓기 시작한 것은 신라 문무왕 때였다. 그 때의 길이는 약 7킬로미터밖에 되지 않았으나 조선 시대 초기에 들어와서 안팎으로 20킬로미터가 넘게 다시 쌓았다.

　그 후 조선은 임진왜란을 겪으면서 남한산성이 군사적으로 중요한 위치에 있다는 것을 깨닫고 보수하기 시작했다. 특히 인조 임금 때에 이르러는 대대적인 보수 공사를 감행했다. 그 이유는 북쪽 오랑캐의 동향이 심상치 않았기 때문이다.

　북쪽의 오랑캐란 누르하치가 여진족을 통일하여 세운 후금이라는 나라를 말한다. 당시 조선은 중국의 명나라를 섬기고 있었다. 후금은 오랑캐 나라라고 하여 상대하지도 않았다.

　그러나 후금은 날로 힘이 강해졌다. 이미 쇠퇴해진 명나라를 쳐서 세력을 확장한 후금은 잇달아 조선을 기습 공격했다.

조선은 방어 대책을 전혀 세워 놓지 않았기 때문에 싸움 한 번 제대로 못하고 열흘 만에 평양까지 빼앗기게 되었다.
　다급해진 인조는 강화도로 피난하고 조정 대신들이 나서서 가까스로 후금과 화해 조약을 맺어 물러가게 했다. 그 조건으로 조선은 후금을 형님의 나라로 모시는 한편, 많은 세금을 후금에 바치기로 했다. 이 사건이 정묘년에 일어났다고 해서 '정묘호란' 이라고 한다.
　그 후 후금은 국호를 '청' 으로 바꿨다. 청나라의 사신 용골대가 조선에 와서 이 사실을 통지했다.
　"후금은 대청나라가 되었소. 이제부터 청나라와 조선은 형제의 나라에서 신하의 나라로 바뀌었소. 생각해 보시오. 청나라 임금은 황제요, 조선의 임금은 왕인데 어찌 형제의 나라라고 할 수 있겠소? 앞으로 조선 왕은 청나라 황제의 신하로서 예를 다하시오. 그리고 조공(힘이 약한 나라가 큰 나라에게 바치는 예물)도 신하의 나라답게 더 많이 바치시오."
　청나라의 사신 용골대는 무례하기 짝이 없었다.
　조선의 신하들은 분노했다.
　"저 무례하기 짝이 없는 용골대를 당장 잡아 목을 베어 버립시다!"
　"아니 되오. 그랬다간 더 큰일이 생길 것이오. 사신의 목을 벤다는 것은 청나라 황제의 목을 베는 것과 마찬가지요. 분통이 터질 일이지만 나중에 일어날 일을 생각해 보시오."

"그렇다고 오랑캐 나라를 섬긴다는 것은 말이 안 됩니다. 자고로 우리 조선은 동방예의지국인데, 명나라를 두고 오랑캐 나라인 청나라를 섬길 수는 없어요. 이 기회에 용골대의 목을 잘라 조선의 기개를 보여 줍시다."

조선의 신하들은 오랑캐 나라의 청을 들어주자니 명분이 없고, 안 들어주자니 청나라의 힘이 두려웠다. 이러지도 저러지도 못하고 갈팡질팡하고 있을 때 신변에 위험을 느낀 용골대는 말을 훔쳐 타고 몰래 청나라로 도망갔다.

용골대는 청나라 황제에게 조선의 무례함을 고해 바쳤다.

"황제 폐하, 조선이 감히 황제 폐하께서 보낸 사신의 목을 베겠다고 하니 이런 못된 일이 어디 있습니까? 조선을 그대로 두어서는 아니 되옵니다."

"괘씸하구나! 누가 보낸 사신인데 감히 목을 치려 하다니……. 여봐라! 짐이 몸소 군사를 거느리고 조선을 쳐서 본때를 보여 주겠다! 조선을 칠 준비를 하라!"

1636년 12월 2일, 청나라 황제는 직접 군사를 이끌고 압록강을 건너왔다. 무려 10만 대군을 이끌고 온 것이다. 청나라의 황제는 뛰어난 전술가였다.

처음 의주부윤 임경업은 백마산성을 굳게 지켜 청군의 침입에 대비하였으나, 청군의 선봉장 마부대는 다른 길을 통해 서울로 쳐들어갔다.

조정에서는 13일에서야 청나라 군대가 침입한 사실을 알았다. 청나라 군은 14일에 개성을 통과했다. 서울은 그리 멀지 않았다.

　조정에서는 급히 강화와 서울을 방비하도록 하고, 종묘 사직의 신주와 세자비, 원손, 봉림 대군, 인평 대군을 비롯한 왕실 가족들을 강화로 피난시켰다.

　인조 임금도 정묘호란 때처럼 강화로 피난을 떠나려 했다. 그러나 남대문쯤 왔을 때 청나라의 군사가 이미 홍제원까지 들이닥쳤고, 강화도로 가는 길도 청군에 의해 끊어져 버렸다.

　"대체 이 일을 어찌하면 좋단 말인가?"

　인조 임금은 사정이 워낙 급하기도 하고 날씨가 춥기도 하여

▼남한산성 동문 : 다른 문에 비해 낮은 지대에 축조되어 성문은 계단을 놓아 높은 곳에 세웠다.

덜덜 떨며 발을 동동 굴렀다.

"전하, 남한산성으로 피하시옵소서. 그 곳은 천연적인 요새여서 제아무리 청나라 군사들이라 할지라도 쉽게 점령할 수 없을 것입니다. 그리고 나서 어떻게 대처할지 다음 일을 의논하도록 하시지요."

누군가가 그렇게 아뢰었다. 인조 임금은 더 이상 생각해 볼 겨를도 없이 소현 세자와 신하들을 거느리고 남한산성으로 발길을 옮겼다. 이제 적과의 거리는 수 킬로미터밖에 떨어져 있지 않았다.

인조 임금은 말을 타고 가면서 정묘호란 때를 상기했다. 정묘호란이 일어난 지 9년 만에 또 병자호란이 일어난 것이다.

"오랑캐놈들이 쳐들어올 줄 알았지만 이렇게 또 당할 줄이야. 우리가 너무 방심하고 있었어. 유비무환이라고 했는데……. 백성들은 이 난리에 또 얼마나 고초를 겪을꼬?"

인조 임금의 두 눈에서 눈물이 흘러내렸다. 인조 임금은 훈련대장에게 성을 굳게 지키도록 명하고 전국에 임금을 위해 목숨을 바쳐 충성할 병사들을 모집한다는 글을 띄웠다. 그리고 명나라에도 급히 사신을 보내 도움을 요청했다.

12월 16일 청나라의 선봉군이 남한산성을 에워쌌다. 남한산성은 천연적인 요새여서 청나라 군사들도 섣불리 공격하지 못했다. 청나라 군사들은 남한산성을 포위하고 장기전을 폈다.

"얼마나 버티나 보자. 양식이 떨어지면 제 발로 걸어나올걸.

흐흐흐…….”

적장 용골대는 회심의 미소를 짓고 있었다.

사실 이런 일이 일어나리라고는 아무도 생각하지 못했다. 그렇기 때문에 남한산성에는 양식을 준비해 두지 않았다. 양식이라야 기껏 군사들이 한 달 정도 먹을 군량미가 전부였다. 이젠 그것마저 바닥이 나고 있는 형편이었다.

그러던 중 급박한 소식이 들어왔다.

"전하, 강화도가 함락되었다고 합니다. 흐흐흑…….”

인조 임금에게 소식을 전하는 장수는 울음섞인 목소리로 보고했다.

"강화도에는 종묘의 신주가 있고, 빈궁(왕세자비)을 비롯하여 왕손이 피난한 곳인데 그들은 무사하다더냐?"

"황공하옵니다, 전하. 지금은 아무 소식도 들을 수 없사옵니다.”

인조 임금은 마른 하늘에 날벼락을 맞은 기분이었다. 조선의 사직은 물론 왕손까지 적의 손에 들어가다니…….

청나라 군사들은 조선의 전국토를 점령하여 민간인을 학살하고 닥치는 대로 물건을 빼앗았다. 이제 남은 것은 남한산성을 점령하고 임금의 항복을 받아 내는 일뿐이었다.

1637년 1월 1일, 마침내 청나라 황제 태종이 도착하였다. 그는 남한산성 아래 탄천에 20만 청나라 군대를 집결시켰다. 이제 남한산성은 완전히 외부와 고립되고 말았다.

▲ 강화산성 북문 : 고려 때 몽고군의 침입을 막으려 쌓았는데, 병자호란 등으로 파괴되어 1977년 복원했다.

"남한산성을 향해 총공격하라!"

강화도가 점령되었다는 소식을 들은 지 얼마 후 청나라 군사들은 개미처럼 남한산성을 향해 올라왔다. 총공격이 시작된 것이다.

"아! 이젠 더 이상 버틸 힘이 없구나."

인조 임금은 탄식을 하며 울음을 터뜨리더니 무릎을 꿇고 말았다. 1637년 1월 30일, 남한산성에서 항거하기 시작한 지 47일 만에 항복을 하고 말았다.

인조 임금은 소현 세자와 함께 남한산성 문을 열고 나와 청나라 황제 앞에 세 번 큰절을 하고 아홉 번 머리를 숙여 항복

의사를 표시했다. 그리고 소현 세자와 빈궁, 봉림 대군은 청나라에 볼모로 끌려갔다.

지금의 송파구 한강변(석촌동 부근)의 삼전도 나루에서 있었던 일이다. 임금도 울고 신하들도 울고 끌려가는 세자도 울고 온 나라의 백성들이 울었다.

그 때부터 우리 나라는 명나라와 관계를 끊고, 오랑캐 나라라며 멸시하던 청나라를 임금과 신하의 관계 즉 군신의 관계로 받들어야 했다. 그리고 청나라에 더 많은 조공을 바쳐야 했다. 곡식과 물건뿐만이 아니었다. 청나라는 조선의 처녀들까지 조공으로 바치게 했다.

▲ **삼전도비** : 병자호란 때 청나라 태종이 인조의 항복을 받고 자기의 공적을 자랑하기 위해 세운 전승비(사적 제101호)

1645년 8년간의 볼모 생활 끝에 소현 세자와 봉림 대군은 조선으로 돌아왔다. 그러나 세자는 2개월 만에 죽고 말았다. 그 뒤 인조 임금의 뒤를 이어 왕위에 오른 효종(봉림 대군)은 볼모 생활의 굴욕을 되새기며, 북벌 계획을 추진하였으나 끝내 뜻을 이루지 못했다.

청나라와의 이러한 굴욕적인 관계는 청일전쟁에서 청나라가 일본에 패할 때까지 계속되었다.

청나라 사신은 삼전도에다 '청태종 송덕비'를 세우게 했다. 비문에 청나라 황제 태종의 공적을 칭송하며 은혜를 베풀어 주어서 감사하다는 내용을 새기도록 했다. 그 비가 지금도 송파구에 세워져 있다.

8·15 해방 후 이것은 우리 나라의 치욕이라고 해서 치워 버린 적이 있었다. 부끄러운 일임에 틀림없다. 그러나 우리는 이런 역사적 사실을 똑바로 인식하여 두 번 다시 부끄러운 역사가 되풀이되지 않도록 정신을 차려야 할 것이다.

잠실의 화려한 변신

"너희들 '비단' 하면 무엇이 생각나니?"
"누에요. 누에고치에서 명주실을 뽑아 비단을 만들잖아요."
문희가 자신 있게 말했다.
"나는 비단 장수 왕서방이에요. '비단 장수 왕서방 명월이한테 반해서……' 하는 노래가 있잖아요. 텔레비전에서 들었어요."
정인이가 멋쩍게 웃으며 말했다.
"둘 다 틀린 말은 아니군. 하지만 우리가 남한산성을 들러서 잠실에 왔으니 잠실과 비단을 연결해서 생각해 보렴."
내가 그렇게 말하자 이번에는 정인이가 재빨리 말을 받았다.
"롯데월드요. 아빠, 잠실에 왔으니 롯데월드에 가요. 놀이기구가 얼마나 재미있는지 모른다구요."
"이녀석, 잠실과 비단에 관해서 생각해 보랬더니 똥딴지같이 롯데월드가 왜 튀어나와?"
나와 문희는 한바탕 웃었다.
"문희는 '잠실' 하면 무엇이 생각나니?"
"88올림픽과 잠실체육관요."
"하긴 그렇지. 이 넓은 잠실벌이 세계가 놀랄 만큼 거대한 경기장을 만들어 서울 올림픽을 치르고 고층 빌딩이 숲을 이루게 될 줄은 상상하기 힘들었지. 하지만 내가 묻는 것은 그게 아니야. 올림픽 경기장과 고층 빌딩이 들어서기 전에 잠실은 어떤 곳이었을까 생각해 보렴."
"모르겠어요."
"안 되겠다. 아무래도 내가 설명해 주어야겠군. 조선의 태종 임금은 양잠업을 장려했어. 양잠업이란 누에를 쳐서 고치를 얻은 다음 명주실을 뽑아 내어 비단을 만드는 일이야. 옛날에는 비단이 아주 값진 물건이었단다. 그래서 궁궐에서도 누에를 길러 고치를 생산했을 정도였어."
"아빠, 비단을 가지고 뭘 해요?"
정인이가 물었다.
"비단은 귀한 옷감이야. 고급 옷감이지. 그래서 임금이나 왕족처럼 지위가 높은 사람들이나 비단으로 옷을 만들어 입을 수 있었어. 일반 백성들은 감히 꿈도 꾸지 못했지."
"아, 그랬구나."
정인이가 고개를 끄덕이며 중얼거리는 것을 보며 나는 계속

▲ **뽕잎을 먹는 누에들**: 누에가 뽕잎을 먹고 만들어 낸 고치는 비단실을 뽑아 내는 원료이다.

말을 이었다.

"우리 나라 비단은 질이 좋기로 유명했어. 그래서 중국에서도 조선의 비단을 무척 좋아했지."

"중국에 수출도 했나요?"

"그럼. 비단을 많이 생산했거든."

잠실벌에는 뽕나무를 많이 심었다. 누에는 싱싱한 뽕잎을 좋아하기 때문에 잠실은 자연 양잠업의 주산지가 되었다.

잠실이란 말은 '누에를 치는 방'이란 뜻이다. 누에는 비단실을 뽑아 내는 고치를 생산한다. 그러므로 '비단' 하면 누에가 생각나고, '누에' 하면 뽕나무, '뽕나무' 하면 잠실이 생각날 정도였다.

이러한 잠실 땅은 서울 600년의 역사처럼 많은 변화를 겪었다. 조선 시대 초기에는 양잠업으로 유명했고, 인조 임금 때는 병자호란을 맞아 오랑캐의 나라라고 업신여겼던 청나라 황제에게 임금이 무릎을 꿇고 머리를 숙여 항복했던 삼전도도 있다. 또, 현대에 와서는 88올림픽이 열려 세계적으로 유명해진 곳이다.

원래, 잠실은 지금처럼 육지가 아니었다. 비가 많이 오면 여의도처럼 섬이 되었다가 물이 빠지면 다시 육지로 이어졌다. 그렇기 때문에 이 지역에 살던 사람들은 해마다 여름이면 홍수에 시달려야 했다. 그러던 것을 1971년, 대한민국 정부는 한강 개발 사업을 펼쳤다. 드넓은 잠실 벌판을 획기적으로 바꿀 계획을 수립한 것이다.

먼저 한강에 제방을 쌓은 다음 송파로 흐르는 물줄기를 막는 공사를 했다. 공사가 완공되자 정부는 그 곳에 새로운 신도시를 건설하기 위해 야산의 흙을 깎아다 메우는 공사를 시작했다. 해마다 여름이면 물에 잠기던 100만 평이 넘는 엄청난 땅을 메우고 나자 섬이었던 잠실은 어엿하게 쓸모 있는 땅으로 바뀌었다.

이 사업이 완성되자 여의도의 3배가 넘는 넓은 땅이 생겼다. 그 위에 아파트와 공공 건물을 짓고, 많은 사람들이 안락하고 풍족한 생활을 누릴 수 있는 새로운 도시가 탄생했다.

'상전벽해'라는 말은 이를 두고 하는 말일 것이다. 잠실 벌

▲잠실에 있는 대형 레저·쇼핑 타운으로 쇼핑센터, 스포츠센터, 민속관, 영화관, 레저 부분으로 구성되어 있는 복합 문화 공간이다.

판의 뽕나무 밭이 거대한 빌딩 숲으로 변했으니 말이다.

　이렇게 하여 나룻배로 한강을 건너 강남과 강북을 오가던 시대가 끝나자 신천나루, 송파나루, 광나루 등은 역사의 한 페이지에 기록된 채 사라졌다. 잠실의 상징이던 그 많던 뽕나무가 이젠 단 한 그루도 남아 있지 않게 되었다.

　"아빠, 빨리 롯데월드에 가요. 바이킹을 타고 싶어요."

　정인이는 내 이야기가 끝나는가 싶자 또다시 롯데월드에 가자고 졸랐다.

　잠실은 불과 30여 년 만에 몰라보게 바뀌었다.

　이제 잠실의 상징은 뽕나무가 아니라 올림픽 경기장과 더불어 롯데월드로 바뀌었다고나 할까.

　나는 정인이의 성화에 못이겨 현대 오락 문화의 상징인 롯데월드로 발길을 옮겼다.

서울 도심 속의 남산

나는 문희와 정인이를 데리고 남산으로 갔다. 우리는 남산 입구에서 케이블카를 타고 팔각정으로 올라가 N서울타워를 구경할 예정이었다.

"아빠, 빨리 와요! 케이블카가 떠나겠어요!"

정인이는 자동차에서 내리자마자 정신없이 케이블카 타는 곳으로 달려갔다. 그것을 보자 문희도 마찬가지였다.

'자식들, 역시 애들은 애들이군.'

나는 속으로 그렇게 생각하며 두 아이의 뒤를 따랐다.

일요일이어서 그런지 케이블카를 타려는 사람이 많았다. 우리는 재빨리 창문가에 자리를 잡았다.

케이블카는 약간 흔들리면서 움직이더니 남산의 정상을 향해 천천히 올라갔다. 중간 정도 오자 서울 시내가 한눈에 내려다보였다. 마치 한 마리의 새가 되어 남산 위에 머물면서 서울의 전경을 훑어보는 것 같았다. 케이블카 밑에 있는 남산이 푸른 옷 대신 흰눈을 덮고 있는 모습이 눈부셨다.

해발 265미터 높이의 남산은 높은 산에 들지는 않으나 예로부터 풍경이 아름답고 계곡마다 흐르는 물맛이 좋기로 이름이 난 산이다.

조선 시대에는 남산이 서울의 가장 남쪽이었지만 지금은 서울의 중심부가 되어 있다.

조선 시대에는 남산을 목멱산이라고 불렀다. 태조 이성계가 한양에 도읍을 정하고 이곳에다 목멱신사라는 산신당을 지었기 때문에 그렇게 불렀다.

"아빠, 이게 뭐예요?"

정인이가 팔각정 옆에 좌우로 뻗어 있는 성벽을 가리켰다.

"그건 성벽이야. 외적의 침입으로부터

▲N서울타워 : 남산의 자연과 서울의 전경을 내려다볼 수 있는 복합 문화 공간으로 남산의 명물이다.

한양을 보호하기 위해 쌓은 산성이야. 남한산성에 갔을 때도 돌로 쌓아올린 성벽을 보았지?"

"예."

정인이는 고개를 끄덕였다.

"옛날에는 오른쪽 성벽은 남대문과 이어져 있었어. 그런데 일본이 조선을 점령하면서부터 성벽은 훼손되고 허물어졌어. 그러다 현대에 와서 성벽을 옛날처럼 복원하기 시작했어. 그리고 봉수대도 만들고……."

"아빠, 봉수대가 어떤 거예요?"

정인이가 물었다.

나는 1993년에 복원되어 서울 특별시 기념물 제14호로 지정된 봉수대 앞으로 두 아이를 데리고 갔다.

"이게 봉수대야."

"여기서 뭘 했어요?"

정인이는 고깔모자처럼 생긴 봉수대를 보고 실망했는지 입을 삐죽거렸다.

"이건 옛날에 아주 중요한 통신 수단이었어. 전화나 무전기가 없던 옛날에는 적이 쳐들어온다든가 변란이 일어나는 등의 긴급한 상황이 발생하면 봉수로 소식을 전달했어. 여기 봉수대에 불을 피워 연기가 피어오르게 하면 그 연기를 보고 이쪽의 상황을 알고 재빨리 다음 연락처에 또 연기를 피워 소식을 알렸지. 릴레이식으로 다음 다음 봉수대로 소식을 긴

▲ 남산 봉수대 : 전국 각지에서 긴급하게 전하는 봉수를 최종적으로 전달받던 곳이다.

급히 전했어."

"그럼 누가 매일 지키면서 봉수대에 연기가 피어오르는지 살폈겠네요?"

"당연하지. 전국적으로 모두 673개소에 봉수대가 있었어. 전국 어디서 봉화를 올리든지 12시간 안에 서울 남산 봉수대에 소식이 닿게끔 되어 있었거든. 그렇기 때문에 지금의 국방부라고 할 수 있는 병조에서는 전국 각지에서 올라오는 정보를 받아서 매일 새벽에 승정원에 보고하고 승정원은 이 소식을 다시 임금님께 보고하게끔 되어 있었어. 만일 변란이나 긴급한 일이 벌어진 경우에는 즉각 승정원에 보고했지. 지금 생각하면 참 불편하기 짝이 없는 세상이었지."
"아빠, 이 봉수대는 누가 언제 만든 거죠?"
"태조 이성계가 한양으로 도읍을 옮기고 나서 1394년에 설치한 거야. 그래서 갑오개혁이 있던 이듬해인 1894년까지 사용되었어. 그 뒤로는 전화도 놓이고 철도도 개통되는 등 교통이나 통신이 발달하였거든."
"말이나 글로 써서 전달하는 것도 아니고 어떻게 연기나 불만 보고 그 뜻을 알았을까요?"
"그건 서로 약속이 되어 있었지. 밤에는 불, 낮에는 연기를 이용해서 봉수를 올렸어. 평상시에는 하나, 적이 나타나면 둘, 경계에 접근하면 셋, 경계를 침범하면 넷, 경계에서 적과 아군이 싸우고 있는 중이면 다섯을 올리도록 하였어. 그래서 그 신호가 봉수대에 오르면 최종적으로는 모두 남산 봉수대로 전달되어 왔어. 그럼 보고를 받은 임금님과 조정에서는 사태 해결을 위해 의논했지. 그러니까 남산 봉수대는 조선의 중앙 봉수소로 아주 중요한 구실을 했던 거야."
"그럼 봉수대는 전국 곳곳 중요한 지점에 설치되어 있었겠네요?"
문희가 진지한 얼굴로 물었다.
"아무렴. 남산 봉수대는 전국에 있는 다섯 군데 주요 간선로에서 보내 오는 봉수를 받았어. 제1봉수대는 함경도-강원도-양주 아차산, 제2봉수대는 경상도-충청도-광주 천림산,

제3봉수대는 평안도 강계-황해도-한성 무악 동봉, 제4봉수대는 평안도 의주-황해도 해안-한성 무악 서봉, 제5봉수대는 전라도-충청도-양천 개화산을 통해서 남산 봉수대로 봉수를 전달했어."

정인이가 다시 물었다.
"아빠, 그럼 비가 올 때나 깜깜한 밤에는 어떻게 해요? 연기가 안 보이잖아요."
"글쎄……. 비가 많이 오는 날에도 불을 피울 수 있게 되어 있지. 또, 밤에는 불빛 신호로 먼 곳까지 소식을 전달했어."

봉수대를 둘러본 다음 우리는 N서울타워로 올라갔다. 전망대에 서자 끝없이 펼쳐진 서울의 풍경이 한눈에 들어왔다.
"아빠, 서울의 끝은 어디예요?"
망원경으로 사방을 둘러보더니 문희가 물었다.
"조선 시대에는 사대문 안이 서울이었어. 북악산을 중심으로 인왕산과 남산으로 이어졌고, 왼쪽으로는 혜화문을 지나 동대문으로 이어진 성 안이 사실상 서울이었지. 그러던 것이 인구가 늘고 사회가 변화함에 따라 서울은 점차 커져서 오늘날의 거대한 서울이 된 거야."
"이 망원경으로도 서울의 끝을 볼 수 없나요?"
"아마 보이는 곳도 있고 보이지 않는 곳도 있을 거야. 그만큼 서울은 넓고 커졌어."

N서울타워의 전망대에서 내려온 우리는 팔각정의 돌계단을

▼남산에서 내려다본 서울의 중심가 풍경

▲ 안중근기념관 : 안 의사의 생애와 위업을 엿볼 수 있는 영상물과 유묵 등이 전시되어 있다.

따라 아래로 내려갔다. 그 곳에는 커다란 분수대가 겨울잠을 자고 있고, 그 아래쪽에는 안중근 의사 기념관이 웅장하게 자리잡고 있었다.

　나는 안중근 의사 기념관 앞에서 문희에게 질문했다.
　"안중근 의사가 뭘로 유명하지?"
　"하얼빈 역에서 이토 히로부미를 쏘아 죽였어요."
　"응, 그건 알고 있구나."
　"아빠, 그런데 왜 안중근 의사라고 해요? 병원의 의사 선생님을 했어요?"
　정인이가 묻자 문희는 놀리는 듯이 말했다.

"하하하……. 안중근 의사가 병원의 의사 선생님이래."
"안중근 의사는 우리 나라의 독립을 위해 자신의 몸을 던진 애국자야. 올바른 일을 위해 자신의 뜻을 굽히지 않고 의로운 일을 하다 죽은 훌륭한 사람을 '의사'라고 부르는 거야. 한글로 쓸 때는 병을 고쳐 주는 의사라는 단어와 글자가 똑같지만 한자로 쓰면 뜻도 글자도 달라."
나는 정인이가 알기 쉽게 말해 주었다.
"아빠, 안중근 의사의 동상을 왜 남산에다 세웠어요?"
문희가 물었다.
"그것 참 좋은 질문이다. 세종로 한복판에 서 있는 이순신 장군 동상처럼 크고 넓은 길에 있지 않고 남산에 세워 놓은 나름대로의 이유가 있지."
"뭐예요, 그게?"
"안중근 의사 기념관이 있는 이 곳은 일제 시대에 우리 나라를 무력으로 다스렸던 통감 이토 히로부미의 휴식처가 있었어. 이토 히로부미는 여기에 정자를 지어 놓고 술을 마시기도 하고 풍류를 즐겼어. 또 일본 사람들은 남산을 일본인들을 위한 공원으로 만들기 위해 도로를 만들고 주위에다 벚나무를 잔뜩 심었어. 그들은 신궁을 지어 조선 사람들에게 신사참배를 강요하기도 했지."
안중근 의사는 우리 나라가 독립하기 위해서는 조선을 마음대로 짓밟는 이토 히로부미를 없애 버려야 한다고 생각했다.

그래서 기회가 있을 때마다 이토 히로부미를 암살할 계획을 세웠다. 그러던 중 그가 하얼빈으로 간다는 정보를 입수했다.

'옳지, 지금이 좋은 기회다. 우리 민족의 원흉 이토 히로부미를 제거하여 조선인의 기개를 만천하에 알려야 한다.'

안중근은 거사 계획을 남몰래 세운 다음 하얼빈 역으로 떠났다. 안중근은 군중 속에 숨어 있다가 지나가는 이토 히로부미를 발견했다.

"이 때닷!"

안중근은 도시락 속에 숨겨 가지고 다니던 권총을 재빨리 꺼내 이토 히로부미의 심장을 겨냥해 방아쇠를 당겼다.

▲안중근 의사가 하얼빈 역 앞에서 이토 히로부미를 저격한 직후 일본 경찰에 체포되고 있다.

타앙! 탕! 탕! 탕!

요란한 총소리와 함께 이토 히로부미는 그대로 쓰러졌다. 우리 나라 국권을 강탈한 일본 제국주의의 원흉인 이토 히로부미가 안중근 의사의 손에 처단된 것이다.

안중근 의사는 그 자리에서 체포되었다. 안중근 의사는 감옥에서도 조선의 독립을 위해 자신의 신념을 굽히지 않았다.

안중근 의사는 감옥에 갇혀 있는 동안 그의 자서전 〈안응칠 역사〉를 92일 만에 탈고하고, '동양평화론'을 쓰기 시작했다. 그런 한편으로 '국가안위노심초사', '일일부독서 구중생형극' 등의 한문 붓글씨를 썼다.

그가 감옥에 갇혀 있는 동안 감옥소에 관계하던 많은 일본인들도 감동하여 비단과 지필묵을 가지고 와서 안중근 의사에게 붓글씨를 써 달라고 부탁할 정도였다.

1910년 3월 26일, 안중근 의사는 전날 고향에서 어머니가 손수 지어서 보내 주신 한복으로 갈아입고 형장으로 끌려 나왔다. 그리고 마지막으로 남길 유언을 묻는 일본인 검찰관을 향해 말했다.

"내가 이토를 처단한 것은 한국 독립 전쟁의 한 부분이요, 또 일본 법정에 서게 된 것도 전쟁 중에 포로가 된 때문이다. 나는 개인 자격으로 이 일을 행한 것이 아니며 한국 의군 참모중장의 자격으로 조국의 독립과 동양 평화를 위해 행한 것이니 만국 공법에 의해 처리하라."

그의 이 말은 우리 한민족의 정기를 되살리고, 일본 제국주의자들의 야만적인 행동을 세계 만방에 알리는 것이었다. 또한 일본 제국주의자들에게 억눌려 있던 우리 동포들에게 조국의 독립을 위한 굳은 의지와 용기를 불러일으켰다.

이처럼 평생 조국을 사랑하며 조국의 독립을 위해 일해 왔던 안중근 의사는 1910년 3월 26일 32살의 젊은 나이로 의연하게 순국하였다. 그가 이토 히로부미를 저격한 지 반 년이 되던 때였다.

그의 유해는 매우 정중한 취급을 받으며 뤼순 감옥 죄수 묘지에 묻혔다.

이후 8.15 해방이 되고 일본이 물러가자 남산 중턱에 자리잡은 이토 히로부미의 정자나 일본인의 사당은 허물어졌다.

이토 히로부미가 조선을 마구 짓밟으며 유린하던 그 땅 위에 안중근 의사의 기념관을 건립한 것은 대단히 의미 있는 일이다.

그러나 아직도 안중근 의사의 유해는 고국으로 돌아오지 못하고 있다. 그가 묻힌 무덤의 정확한 위치를 모르기 때문이다.

◀ **안중근 의사의 글씨**(견리사의 견위수명) 이익을 보거든 정의를 생각하고, 위태로움을 보거든 목숨을 바치라는 뜻으로, 조국을 위해 목숨을 바친 안중근 의사의 뜻이 담겨 있다.

이제 우리는 누구의 지배도 받지 않는 세계 속의 선진 한국으로 발전한 주권 국가의 자유로운 백성이다. 누구나 남산에 올라와 휴식을 취하고 마음껏 활보할 수 있다.

아름답고 푸른 남산에서 나라와 민족의 독립을 위해 순국한 안중근 의사의 숭고한 애국 정신과 살신성인의 높은 뜻을 한번쯤 새겨 보는 것도 후손된 우리가 가져야 할 최소한의 도리가 아닐까 생각하면서 발걸음을 떼었다.

▶ 안중근 동상

탑골 공원의 슬픔

　우리는 종로 한복판에 있는 탑골 공원으로 향했다. 탑골 공원은 탑공원 또는 파고다 공원이라고도 부른다.
　종로 2가에 위치한 탑골 공원은 우리 나라 최초의 공원이다. 지금의 어린이 대공원이나 서울 대공원 등과는 크기나 규모가 비교되지 않을 정도로 조그마하지만, 그 곳은 우리의 역사가 숨쉬고 있는 곳이다.
　탑골 공원 팔각정 자리에는 조선 초기에 원각사란 절이 있었다. 원각사는 고려 때 흥복사라고 불리던 작은 절인데, 세조 임금이 부근의 집들을 헐어 내고 다시 크게 짓고 이름도 고쳐 지은 것이다.
　세조가 임금이던 시절은 불교를 억제하고 유교를 숭상하던 때였다. 그럼에도 불구하고 세조가 이 절을 크게 지은 까닭은 무엇 때문일까? 그 연유를 알기 위해서는 당시의 역사를 알아야 한다.

"세종 대왕이 조선 몇 대 임금인지 아는 사람?"

내가 두 아이에게 묻자 문희가 얼른 손가락을 꼽아 보더니 말했다.

"4대 임금 아니에요?"

문희는 약간 자신이 없는 투로 말했다.

"어째서 4대 임금이지?"

내가 다시 물었다.

"태정태세문단세 예성연중인명선…… 하고 짚어 보니까 4대인 것 같았어요."

"응, 짚기는 잘했다마는 역사 공부는 그런 식으로 될 것이 아니라 역사적인 사건을 기억하며 공부하는 것이 중요해. 임금이 바뀔 때에는 역사적인 사건이 항상 그 뒤에 있었으니까. 앞에서도 말했지만 태조 이성계는 조선을 건국했고, 그의 다섯째 아들 이방원은 아버지의 귀여움을 독차지하며 세자의 자리에 오른 이복동생 방석을 없애기 위해 '왕자의 난'을 일으켰다. 그러자 아버지 태조 이성계는 왕의 자리에서 물러나고 둘째 아들 방과가 그 뒤를 이었다. 그가 조선 제2대 임금 정종이다. 정종은 실권이 없는 임금이었다. 동생인 이방원에 의해 임금의 자리에 올랐기 때문에 그가 시키는 대로 할 수밖에 없었다. 정종은 차라리 동생에게 왕의 자리를 물려주어야겠다고 결심한다. 그래서 이방원은 조선의 3대 임금이 된다. 이분이 태종이다. 세종 대왕은 태종의 셋째 아들이다. 여기까진 알겠지?"

"예. 그런데 아빠, 임금은 큰아들이 대를 이어가는 게 아니에요?"

"그것 좋은 질문이구나. 조선은 건국하고 4대에 이르기까지 한번도 큰아들이 왕의 자리에 오른 적이 없어. 태조의 큰아들은 임금의 자리에는 애초에 관심이 없어 초야에 묻혀 살았지. 그러다 보니 임금의 자리를 놓고 형제간에 칼부림을 하는 등 폐단이 컸어. 그래서 세종은 왕권의 대를 바로 잇기 위해 자신의 큰아들을 세자로 정해 다음 임금의 자리에 오르게 했단다."

"그런 이후부터는 큰아들이 대를 이어 왕이 되었나요?"

"뜻대로 잘 되지 않는 것이 세상 일이야. 그래서 슬픈 드라마가 있는 거야. 세종은 아버지의 후광으로 훌륭한 정치를 펴서 태평성대를 누리게 했지만, 그의 뒤를 이어 왕이 된 큰아들 문종은 병치레가 많아 임금에 오른 지 불과 6개월 만에 승하(임금이 세상을 떠남)했어. 그런데 문종의 큰아들은 그 때 나이 겨우 10살이었어."

"아이고! 정인이보다 나이가 어리네. 그럴 땐 어떡해요? 나이가 적으면 임금이 될 수 없나요?"

"조정의 중신들이 회의를 했어. 그래서 조선의 왕권이 큰아들로 이어가는 전통을 확립하기 위해서 비록 나이는 어리지만 왕으로 추대해야 한다는 결론을 내렸어. 그가 바로 비운의 임금인 단종이야."
"왜 비운의 임금이 됐어요?"
이번에는 정인이가 관심을 가지고 물었다.
"임금이 어리자 신하들끼리 세력 다툼이 심해졌어. 이것을 가만히 지켜보고 있던 수양 대군이 큰일을 저지르고 만 거야."
"수양 대군이 누구예요?"
"단종 임금의 삼촌이지. 단종은 수양 대군을 '삼촌, 삼촌!' 하며 어릴 때부터 잘 따랐어. 그래서 나랏일도 삼촌에게 맡기다시피 했어."

▼**장릉** : 강원 영월읍에 있는 조선 제 6대 단종의 능(사적 제 196호)

수양 대군은 단종을 대신하여 훌륭한 정치를 하고 싶었다. 그러나 많은 신하들이 수양 대군을 싫어했다. 신하들과 의논 없이 너무 독단적으로 일을 처리했기 때문이다.

'으음, 신하들의 간섭이 이렇게 많아서야 왕권이 제대로 서질 않아.'

이렇게 생각한 수양 대군은 자신의 뜻에 반대하는 많은 신하들을 잡아다가 옥에 가두고 처형했다.

"대군 마마, 이 기회에 임금의 자리에 오르셔야 합니다."

수양 대군을 섬기는 부하들이 부추겼다.

"하지만 내 조카가 임금인데……. 조카를 쫓아내고 임금이 된다면 많은 사람들이 욕하지 않을까?"

수양 대군은 속으로는 좋았지만 조카를 쫓아내고 임금이 된다는 것이 꺼림칙했다.

모든 실권이 수양 대군에게로 옮아가자 어린 단종 임금은 두려웠다. 지금의 삼촌은 옛날의 자상하던 삼촌이 아니었다.

단종은 삼촌이 자신을 돌보던 많은 신하들을 차례로 죽이는 것을 보았다. 그래서 언젠가는 자신마저 죽일지도 모른다는 생각이 들었다. 그러자 하루빨리 왕의 자리에서 벗어나고 싶었다.

"삼촌, 나는 임금의 자리에서 물러나고 싶어요. 삼촌이 임금이 되세요. 대신 목숨만은 살려 주세요."

단종은 울면서 애원했다.

그리하여 수양 대군은 어린 단종의 뒤를 이어 임금의 자리에 올랐다. 그가 바로 세조 임금이다.

세조는 임금이 된 후 단종의 문제로 고민했다. 먼 훗날 그가 어른이 되면 부당하게 임금의 자리에서 쫓겨난 것을 알고 가만 있지 않을 것 같았다. 틀림없이 복수를 하려고 들 것이다. 수양 대군은 후환이 두려웠다.

그러던 차에 단종 임금의 충신들이 부당하게 임금의 자리에 오른 세조를 쫓아내고 단종을 다시 임금으로 모실 거사를 계획했다.

그러나 그 일은 사전에 들통나서 많이 사람들이 붙잡혔다.

▲사육신 묘 : 단종의 복위를 도모하다 목숨을 바친 사육신의 무덤 (서울시 유형문화재 8호)

밀고자가 있었던 것이다. 거사에 가담했던 많은 충신들은 감옥에 갇히거나 처형되었다.

이 때 목숨을 잃은 사람 중에 이개, 하위지, 박팽년, 성삼문, 유응부, 유성원 등이 있다. 이들은 세조가 부당하게 임금이 된 것을 꾸짖었다. 이를 두고 후세 사람들은 신하로서 꿋꿋이 절개를 지켰다고 하여 '사육신'이라고 불렀다. 그들은 노량진의 사육신 묘에 고이 잠들어 있다.

세조의 신하들은 언제 또 이런 일이 일어날지 두려웠다. 두 발을 뻗고 잠을 이룰 수가 없었다.

"전하, 단종을 죽여 없애야 이번과 같은 일이 일어나지 않습니다. 후환은 미리 없애야 합니다."

신하들은 세조 임금에게 말했다. 그러나 세조는 괴로웠다.

'삼촌이 조카의 임금 자리를 빼앗고도 모자라 이젠 그를 죽여야 하는가?'

세조는 오랜 동안 고민했다. 결국 세조는 후환을 두려워한 나머지 단종을 죽여야겠다고 결심했다. 단종은 불과 16세의 나이로 세상을 떠나고 만 것이다.

많은 백성들이 조카를 죽인 세조를 욕했다. 그러나 겉으로 드러내고 그 얘기를 했다가는 언제 잡혀가서 죽을지 모르는 세상이라 속으로만 욕을 하고 있었다.

세조는 마음이 아팠다. 자신이 왕의 자리에 오르기 위해 조카와 충신들을 너무 많이 죽인 것이 오랜 세월이 흘러도 마음

한구석에 암덩어리처럼 박혀 있었다.

 '절을 짓고 불공을 드려 그들의 혼을 위로해야겠다.'

 세조는 궁궐 가까이에 있는 원각사를 크게 짓도록 했다. 그리고 불교를 섬기는 정책을 폈다.

 "원각사는 이렇게 해서 새롭게 지어진 거야."

 나는 아이들과 함께 원각사 10층 석탑 앞에서 탑골 공원이 탄생되기 이전의 역사적 배경을 설명해 주었다.

 "아빠, 그럼 이 곳은 원래 절이 있던 자리네요. 그럼 언제부터 공원이 됐어요?"

 문희가 물었다.

 "아까도 말했지만 조선은 나라를 세울 때부터 유교를 숭상하고 불교를 배척하는 정책을 폈어. 세조 임금 때 불교가 잠깐 꽃을 피운 다음 또다시 배척되어 연산군 때에 이르러는 원각사의 절문을 닫아 버렸어. 그 후 중종 임금 때는 원각사 건물도 없어지고, 원각사탑과 비만 남아 있게 되었단다. 그러다 고종 임금 때 당시 총세무사로 있던 영국 사람 브라운의 건의가 받아들여져 공원으로 되었어. 우리 나라 최초의 공원으로 탈바꿈한 거야."

 "그럼 당시에도 지금처럼 누구나 이 공원에 들어올 수 있었나요?"

 "웬걸? 그렇지 않았어. 원래 왕족들을 위해 만든 공원이었어. 그러니 일반 백성들이야 얼씬도 못했겠지."

▲ **원각사지10층석탑** : 원각사는 지금의 탑골 공원에 있던 절로 세조7년에 세웠다. 이 탑은 조선 시대 석탑으로는 유일하게 대리석으로 만들어졌다. 현재는 공해와 비바람을 막기 위해 유리관에 보존되고 있다. (국보 제2호)

"그런데 이름을 왜 탑골 공원이라고도 하고 파고다 공원이라고도 하지요?"

"아하, 그건 이유가 있어. 처음에는 탑이 있다고 탑골 공원이라 불렀고, 그 후에 파고다 공원으로 불려졌다가, 1991년부터는 탑골 공원이 공식 명칭으로 되었어."

"아빠, '탑골 공원' 하면 떠오르는 게 있어요."

"뭔데?"

"저기 팔각정에서 기미 독립 선언서를 낭독했잖아요."

"그렇지. 문희가 중요한 것을 말했구나. 탑골 공원은 우리 민족이 자주 독립을 외치며 일본 제국주의자들에 맞섰던 3.1 운동의 발상지야."

"발상지가 무슨 뜻이에요?"

"어떤 일이 처음 시작된 곳이란 뜻이지. 1919년 3월 1일은 고종 황제의 장례식 날이었어. 고종 황제는 무척 건강했는데 갑자기 승하하셨어. 누군가가 고종 황제가 마시는 식혜에 독을 넣었다는 소문이 장안에 쫙 퍼져 있었지. 물론 이런 소문은 일본 경찰의 눈을 속이며 조선 사람들의 입을 통해 전국으로 퍼져 나갔어."

"누가 그런 나쁜 짓을 했어요?"

정인이가 물었다.

"글쎄, 일본인의 끄나풀이 그런 짓을 했지. 이미 그 당시에 일본인들은 궁궐에도 마음대로 출입하여 못된 짓을 많이 저

질러 왔거든. 고종 황제가 믿고 의지하던 명성 황후도 일본인 자객에 의해 죽음을 당했지. 조선 사람들은 이런 사실을 알고 더 이상 일본인들의 만행을 두고 볼 수가 없었어. 그래서 고종 황제의 장례식 날 학생들을 중심으로 독립 만세를 부르기로 했던 거야. 아침부터 공원에 모여든 수천 명의 학생들은 일제히 태극기를 꺼내 흔들며 '대한 독립 만세'를 외쳤어. 이 광경을 본 시민들은 학생들과 합세하여 만세를 부르며 거리 행진을 시작했어. 3월 1일의 만세 시위는 곧 전국으로 퍼져 나가 삼천리 방방곡곡에서 '대한 독립 만세'를 외

▼1919년 3월 1일 하오 2시, 민족 대표 29인은 태화관에 모여 독립 선언식을 거행했다.

▲탑골 공원에서 시민들이 두 팔을 올려 대한 독립 만세를 외치고 있다.

치는 소리가 천지를 뒤흔들었지. 일제 식민 정치에 항거하는 우리 민족의 자주 정신이 깃든 외침이었어."

나와 두 아이는 그 당시 만세를 부르던 조상들의 모습이 새겨진 부조 앞에 섰다. 아이들의 표정이 사뭇 숙연해 보였다. 나의 귓가에서는 그 날의 만세 소리가 아련하게 들려오는 것만 같았다.

▶ 삼일문

◀ 원각사비 (보물 제3호)

▲ 독립선언 한 팔각정

백제 문화 유적지, 몽촌토성

"여기가 어딘지 알겠니?"
나는 두 아이에게 물었다.
"올림픽 공원요."
정인이가 자신 있게 말했다.
"그렇지. 여길 모르는 사람은 대한민국 국민이 아닐 거야. 오색찬란한 평화의 문이 올림픽 공원의 상징이기도 하지."
나는 문희와 정인이의 손을 잡고 평화의 문을 지나 올림픽 공원으로 들어섰다. 넓은 길과 시원스런 풍경이 가슴을 탁 트이게 했다.
"이 올림픽 공원이 있는 자리가 옛날에는 무엇이었는지 알고 있니?"
나는 문희에게 물었다.
"아뇨."

▲올림픽 공원 안의 평화를 상징하는 평화의 문

"여긴 한양이 서울로 정해지기 훨씬 이전에, 그러니까 지금부터 1500년 전에 이미 우리 나라의 서울이었던 곳이야."

"……?"

나의 말에 두 아이는 이해가 되지 않는지 동그란 눈망울을 굴리며 나를 쳐다보았다.

"옛날 삼국 시대에 백제라는 나라가 있었어. 백제는 여기서 멀지 않은 경기도 하남 위례성에 도읍을 정하고 여러 개의 토성을 쌓았지. 신라와 고구려의 침입을 막기 위해서 말야. 그 토성 중 하나가 올림픽 공원에 있는 몽촌토성이야."

"아빠, 몽촌토성이 뭐예요?"

정인이가 말의 뜻을 몰라 물었다.

"올림픽 공원이 들어선 이 지역을 옛날에는 몽촌 마을이라고 불렀어. 토성이란 남한산성처럼 돌로 성벽을 쌓은 것이 아니라 흙으로 쌓아올린 성을 말하는 거야. 그래서 몽촌토성이라고 부르는 거야."

"아, 그렇군요."

정인이는 알겠다는 듯이 고개를 끄덕였다.

"아빠, 그럼 그 때 있던 궁궐은 어디 있어요?"

이번에는 문희가 물었다.

"좋은 질문이다. 몽촌토성은 약 1500년 전에 건설되었단다.

▲ **풍납토성** : 백제 초기에 쌓아올린 토성으로 한강변(풍납동) 평지에 흙을 모아 쌓았다.(사적 제11호)

이 지역은 우리 나라의 중심일 뿐 아니라 땅이 비옥한 곳이었어. 그래서 삼국 시대 때부터 신라, 고구려, 백제가 이 지역을 서로 차지하려고 끊임없이 싸웠던 곳이지. 훗날 백제는 이 곳에서 고구려와 싸우다 패하여 웅진(지금의 공주)으로 도읍지를 옮겼어. 그 후부터 몽촌토성은 1500여 년의 세월이 흐르는 동안 아무도 돌보지 않아 폐허가 되어 버린 거야. 지금 남아 있는 것은 그 당시의 유물과 움집, 토성 따위뿐이야."

"어휴. 아깝다. 1500여 년 전에는 임금님이 어떤 곳에서 살았는가 보고 싶었는데……."

문희가 아쉬워했다.

"대신 여기서 얼마 떨어지지 않은 암사동에 선사 유적지가 있어. 그 곳에 가면 우리 민족이 돌을 다듬어 연장으로 사용했던 석기 시대의 유물과 그 당시 생활 풍습들을 한눈에 볼 수 있어. 이처럼 우리 민족은 오랜 옛날부터 한강변을 중심으로 살아왔어."

"아빠, 몽촌토성은 어디 있어요?"

정인이는 사방을 휘둘러보아도 성이 보이지 않자 내게 물었다.

"글쎄다. 아빠도 여긴 처음이라 어디 있는지 모르겠구나. 우리 누가 먼저 찾는지 시합해 볼까? 다른 사람들에게 묻지 않고 말야."

▲ 몽촌토성 백제인 수혈지 : 땅에 넓은 구덩이를 파서 만든 움집터이다.

"아빠, 저쪽에 있는 것 같아요."
내 말이 끝나기가 무섭게 문희가 손가락으로 가리켰다.
"좋아, 어디 가 보자."
우리는 문희가 가리키는 방향으로 걸었다.
한참 동안 걸었지만 사방에 보이는 거라곤 웅장한 자태를 뽐내는 체육관 건물들뿐이었다.
"아빠, 저리로 가 봐요."

이번에는 정인이가 말했다.

우리는 체육관 건물 뒤쪽으로 갔다. 조각 작품들이 전시되어 있는 곳이었다.

"여기가 조각 공원이야."

나는 아이들에게 말했다. 우리는 조각 공원을 걸으며 몽촌토성을 찾으려 했지만 실패했다.

"이리 와 봐."

나는 '까치다리'라고 적힌 다리를 건너 구릉으로 올라갔다. 토성이라고 하면 구릉과도 관계가 있을 것 같았기 때문이다. 우리는 소나무가 듬성듬성 자리를 차지하고 있는 구릉 위를 걸어갔다.

"야, 저기다!"

문희가 손가락으로 가리켰다. 우리는 마침내 제방처럼 생긴 토성을 찾아냈다. 안내 표지판이 좀더 잘 되어 있었더라면 더 빨리 찾을 수 있었을 텐데 하는 아쉬움이 남았다.

토성의 대체적인 윤곽은 남북으로 길쭉한 마름모 형태에 가깝다. 토성이 이처럼 복원된 것은 1985년 서울시에서 시행한 백제의 옛 서울 문화 유적 복원 사업 덕분이다. 그 사업의 일환으로 몽촌토성의 옛 모습이 지금처럼 복원된 것이다.

송파구 방이동 올림픽 공원 안에 있는 몽촌토성은 백제 초기의 토성으로 한성 시대 백제 도성의 유력한 후보지의 하나로 추정되고 있으며, 현재 사적 제297호로 지정되어 있다.

▲몽촌토성은 풍납토성과 더불어 백제의 첫 도읍지 위례성의 소재를 밝히는 중요한 사적지이다.

　몽촌토성은 한강 남안 성내천을 끼고 있는 구릉 지대에 자리잡고 있다. 성 밖은 청량산 남한산성에서 발원하여 동에서 북으로 흘러드는 성내천이 휘감고 있어 자연적으로 참호를 이루고 있는데, 1986년 성이 복원 정비되면서 성 주위에 해자(성 주위에 둘러 판 못)가 만들어졌다.

　성의 외벽은 구릉 경사면을 깎아 내어 급경사와 단을 만들고 두 번째 단에는 목책을 설치하였다. 목책의 높이는 2미터 이상으로 추정되는데, 발굴 조사된 원래의 목책 기둥 자리를 따라 그 위에 추정 복원한 것이다. 당시는 적으로부터 성을 보호하기 위해 성 둘레를 빈틈없이 에워싸고 있었지만, 지금은 그 모습의 일부만 재현해 놓았을 뿐이다.

토성의 크기는 남북으로 가장 긴 곳이 730미터 정도, 동서로 가장 긴 곳이 540미터 정도이며, 전체 성벽의 길이는 정상부를 기준으로 하여 약 2,285미터에 이른다.

또한 성벽의 높이는 11~38미터로 축조 당시에는 지금보다 몇 미터 더 높았을 것으로 보인다. 성벽의 네 모서리에는 주변보다 3~5미터 정도 더 높은 토단이 있는데, 이는 망루나 연락대 같은 구실을 한 것으로 추정된다.

1983년부터 1988년까지 수차례에 걸친 발굴 조사 결과 거주지와 저장공, 그 밖의 선사 시대의 다양한 묘 등이 발굴 확인되었다.

▲ 백제 고분군 : 백제 초기의 무덤들로 1983년 서울시에서 고분 공원으로 조성했다.(서울 송파구 방이동)

▲ **석촌동 적석총** : 백제 초기의 매장 풍습을 알 수 있는데, 이 곳에는 다른 형태의 고분들도 있다.

　이러한 것들로 미루어 몽촌토성이 만들어진 시기는 늦어도 3세기 말에서 5세기 중엽으로 본다. 또 지리적 위치와 규모, 축조 방법, 목책 등이나 이 곳에서 출토된 철촉·골제찰갑·와당·벼루 등을 고려하면 정치·군사·문화적으로 매우 중요한 곳임을 짐작할 수 있다.
　몽촌토성의 북쪽 기슭에는 1992년 몽촌역사관이 건립되어 한강 유역을 포함한 백제 문화의 대표적인 유적과 유물을 전시하여 역사의 산 교육장으로 활용되고 있다.

서울의 젖줄, 한강

강바람이 차창을 통해 시원하게 들어왔다.
"와아, 한강이다!"
"저기 수상스키 타는 사람 좀 봐. 진짜 시원하겠다."
문희와 정인이가 창 밖으로 푸른 한강을 내다보며 재잘거렸다.
그 때 내가 입을 열었다.
"애들아, 너희 한강의 옛 이름이 뭔지 아니?"
"한강의 옛 이름? 글쎄, 뭐지?"
"한강은 본래 순우리말 한가람에서 비롯된 말이야. '한'은 '크다, 넓다, 길다'는 뜻이고, '가람'은 강을 뜻하는 말이지. 그러니까 크고 넓은 강이란 뜻이야. 그런데 한강은 시대에 따라 부르는 이름도 변해 왔어. 너희들 아리수라는 말 들어 봤니?"

"아빠, 우리 전에 아리수물 먹었잖아요."

"아, 그래. 서울 수돗물이야. 맞아. 아리수는 원래 고구려 시대에 한강을 부르던 이름이야."

나는 시대 변천에 따라 한강의 이름이 어떻게 변해 왔는지를 기억을 더듬어 설명해 주었다.

한사군과 삼국 시대 초기의 한강은 한반도의 중간 허리 부분을 띠처럼 둘렀다는 뜻에서 대수라 불렸고, 고구려에서는 아리수라 했으며, 백제는 욱리하라고 불렀다.

또, 백제가 중국의 동진과 왕래하며 중국 문화를 받아들이기 시작하면서 한강의 이름은 중국식으로 고쳐 부르기 시작했다. 즉 한수라 부르다 나중에는 한강으로 불리어졌다.

신라는 상류를 이하, 하류를 왕봉하라고 불렀다. 고려 때는 큰 물줄기가 뻗어내리는 긴 강이란 뜻으로 열수라고 불렀다.

"한강의 이름도 참 여러 가지네요. 아빠, 그런데 한강이 처음 시작되는 곳이 어디죠?"

정인이가 여전히 한강을 바라다보며 물었다.

"그걸 알려면 한강을 따라 계속 거슬러 올라가야겠어요. 안 그래요, 아빠?"

문희도 한강의 발원지가 궁금한 모양이다. 그래서 나는 또 진땀이 나도록 한강에 대해 설명해 주었다.

한강의 본류인 남한강은 강원도 태백시 창죽동 검용소에서 시작한다. 여기서 졸졸 물이 흘러내려와 삼척시 하장면 부근에서 골지천의 이름으로 북쪽으로 흐르다가 광동댐을 지난다. 그리고 다시 석병산에서 발원한 임계천과 합류해 서쪽으로 흐르고, 정선군 북면 여량리에서 황병산을 발원지로 한 송천과 만나 조양강이 되어 흐르다가, 오대천과 합류한 후 남쪽으로 흘러내려 동강이 된다.

동강은 영월읍에서 평창강과 주천강이 합류해 만들어진 서강과 만나 흐르다가 충주시에서 달천, 강원도 원주시와 경기도 여주군 부근에서 섬강·청미천과 만난 후 양화천·복하천·흑천 등의 지류를 합친 후 양수리에서 북한강과 만난다.

"아빠, 한강도 꽤나 먼 길을 돌아서 흘러오네요. 그런데 한

▲한강의 발원지(강원도 태백시 창죽동 검룡소)

▲한강철교는 한강에 세워진 최초의 근대식 철교이다.

강에는 다리도 많던데 모두 몇 개나 있어요?"
 "글쎄, 아마 20여 개는 될걸."
 "와아, 그렇게 많아요?"
 "그럼 그 중에 제일 먼저 생긴 게 어떤 다리예요?"
 "너희 조금 전에 한강철교에 기차가 지나가는 것 봤지?"
 "네, 그럼 그 한강철교가 우리 나라 최초로 놓인 근대식 철교란 말인가요?"
 "그렇단다. 1899년에 착공해서 이듬해 완공되었어. 이 한강철교가 개통되면서 서울역과 인천을 잇는 경인 철도가 개통되었지."

"한강철교는 기차만 다닐 수 있잖아요. 그럼 차나 사람이 다닐 수 있는 다리로 맨 처음 만들어진 것은 어떤 거예요?"
"한강에 최초의 인도교가 가설된 것은 한일합방 6년 뒤인 1916년이었고, 그 뒤 홍수로 떠내려가는 바람에 다시 복구를 하였는데, 1934년에 착공하여 1936년에 완공되었어. 바로 조금 전에 한강철교와 인도교가 나란히 있는 것 봤지?"
"네. 그럼 다리가 없었을 때는 어떻게 강을 건너다녔어요?"
"그 이전에는 배를 타고 건너다녔지. 한강에는 광나루(광진), 삼밭나루(삼전도), 서빙고나루(서빙고진), 동작나루(동작진), 노들나루(노량진), 삼개나루(마포진), 서강나루(서강진), 양화

▼**양화대교** : 영등포구 양평동과 마포구 합정동 사이를 연결하는 한강 다리로 구교와 신교를 합해서 부르게 되었다.

나루(양화진) 등이 있었어. 특히 광나루·삼밭나루·동작나루·노들나루·양화나루는 한강의 5대 나루로 손꼽힐 만큼 전국 각지에서 각종 농산물이며 물품을 실은 사람들이 모여드는 곳으로 유명했대. 이들 나루터를 중심으로 해서 사람도 물자도 오가고 한 것이지. 하지만 한강의 나룻배는 1970년대 이후 강 위에 많은 다리가 개통되면서 지금은 사라지고 없어."

"아하, 알겠다. 한강에 있는 다리들 이름을 보면 예전에 그곳에 나루터가 있던 데라는 걸 알 수 있어요."

"녀석, 눈치 하나는 빠르단 말야."

정인이는 한강에 놓여 있는 다리들 이름을 죽 늘어놓기 시작했다. 그렇다. 조선 시대에 번성했던 나룻터는 사라졌지만 지금 그 자리에는 현대적인 공법으로 세워진 튼튼한 다리들이 있다.

즉 광나루에는 광진교와 천호대교가, 삼밭나루에는 잠실대교가, 뚝섬나루에는 영동대교가, 두모포에는 동호대교가, 입석포에는 성수대교가, 한강나루에는 한남대교가, 서빙고나루에는 반포대교가, 동작나루에는 동작대교가, 흑석진에는 한강대교가, 노량진에는 한강철교가, 용산진에는 원효대교가, 마포나루에는 마포대교가, 서강나루에는 서강대교가, 양화나루에는 양화대교와 성산대교가, 공암나루에는 행주대교가 각각 있다. 이러한 사실은 옛날이나 지금이나 모두 한강의 지리적

▲ **동작대교** : 예전의 동작나루가 있던 동작동과 조선시대에 얼음을 저장했던 서빙고가 있던 이촌동을 연결하는 한강다리로 동작동은 동작진으로 수도의 관문이라 교통의 요충지였다.

잇점과 남북을 연결하는 교통로서 역할이 가장 큰 곳에 나루와 다리를 설치했다는 공통점을 가지고 있다.

"한강은 지금 봐도 이렇게 경치가 멋지잖아요. 그러니 옛날에는 한강변의 경치가 매우 아름다웠겠어요?"

"물론이지. 그래서 옛날에는 한강을 따라 왕실 소유의 정자도 있었고, 벼슬이 높은 분들이 정자를 지어 놓고 여름이면 피서도 하고 풍류를 즐기며 시도 읊고 했단다."

"저도 하나 아는 데 있어요. 압구정이란 동네는 세조 임금 때 높은 벼슬을 한 한명회란 분의 정자 이름을 따서 지은 거라던데요?"

"그래. 지금 동호대교 옆에 있는 현대아파트 뒤편에 있었지. 압구정이란 이름은 '부귀공명 다 버리고 강가에서 해오라기와 벗하여 지낸다'는 뜻을 지니고 있지. 중국 사신을 접대하는 곳으로 이용되기도 하였는데, 압구정의 배 띄우기는 서울에서 경치가 뛰어난 곳 중의 하나였다고 해. 조선 말에는 박영효의 소유가 되었으나, 갑신정변을 일으켰다가 재산이 몰수될 때 이 정자도 헐렸어. 지금은 압구정이란 정자 이름은 동네 이름으로만 남고 표석을 설치해 압구정 터임을 밝혀 놓았지."

한강변에는 압구정 외에도 정자들이 여럿 있었다. 지금의 한남대교 북쪽 어귀에서 서쪽으로 바라다보이는 용산구 한남동 537번지 일대에는 제천정이란 정자가 있었다.

왕실 소유의 정자로 세조 때 세워져서 명종에 이르기까지 한강변 정자 가운데서 왕이 가장 자주 찾을 만큼 경치가 빼어난 곳이었다.

특히 달 구경이 으뜸으로 꼽혔던 곳으로 광희문을 나와 남도 지방으로 내려가는 길목 나루터 옆에 있었기 때문에 왕이 선릉이나 정릉에 제사하고 돌아오는 길에 잠시 들러 쉬기도 했고, 중국 사신이 오면 으레 이 정자로 초청하여 풍류를 즐기게 했다고 한다. 하지만 지금은 그 자리마저 황량해졌다.

마포구 망원동에 양화나루 서쪽 언덕에 있던 망원정도 세종 대왕의 형인 효령 대군의 별장으로 건립된 것이다. 처음에는 희우정이라 하였는데, 거기에는 그럴 만한 이야기가 있다.

세종 대왕이 어느 봄날 농사 형편을 살피고 새로 지은 이 정자에 올랐을 때 마침 기다리던 비가 내려 온 들판을 흡족하게 적시므로 왕이 매우 기뻐하면서 정자 이름을 희우정이라 붙인 것이라 한다.

그 뒤 성종의 형인 월산 대군이 정자를 고쳐 짓고 이름을 망원정이라 하였다. 그 까닭은 이 정자에 오르면 연희평의 넓은 들판 너머로 도성 서북쪽의 산을 바라볼 수도 있고, 또 동남쪽으로 한강을 끼고 펼쳐져 있는 산야의 아름다운 경치를 잘 바라다볼 수 있었기 때문이다.

성종은 세종 대왕이 했던 것처럼 매년 봄 가을이면 이 곳에 나와 농사 형편을 시찰하고 또 수전 연습을 관람하며 술을 마시며 시짓기를 즐기기도 했다.

또, 경치가 빼어나게 좋아 명나라 사신을 접대하던 연회 장소로도 사용되었으며 잠두봉과 가깝기 때문에 잠두봉을 찾는 길에 이 곳에 들르는 사신도 있었다.

그러나 망원정은 1925년 대홍수 때 물에 휩쓸려 떠내려가고 말았다. 그래서 망원동이란 동네 이름에서만 그 옛날 이 곳에 정자가 있었음을 알 수 있었다.

그 뒤 서울시에서는 한강변 문화 유적 복원 계획의 일환으로 문헌 고증과 현지 발굴 조사를 통해 원래 위치에서 약간 벗어난 합정동 지금의 위치에 정면 3칸 측면 2칸 규모의 2층 팔작 기와집 누각으로 복원하였다. 그리고 1990년에 망원정 터를 서울 특별시 기념물 제9호로 지정 보전하고 있다.

한강변에는 이 밖에도 아름다운 경치를 감상할 수 있는 정자들이 많았다. 지금의 용산구 한남동 일대 남산이 동남쪽으로 뻗어 나가 있는 한강변에 천일정이란 정자가 있었다. 이 곳은 고려 시대에는 절터였으나 조선 성종 때 김국광이 처음 정자를 짓고, 이항복을 거쳐 민영휘의 소유가 되었다고 한다. 그러나 6·25 한국전쟁 때 폭격 맞아 없어졌고 지금은 그 부근에 한남대교가 놓여 있다.

또, 동작구 본동에 위치해 있는 용왕봉저정도 있다. 이 정자는 조선 후기에 세워진 것으로, 서울 특별시 유형문화재 제6호로 지정되었다.

이 용왕봉저정은 정조 임금이 아버지 묘소가 있는 수원에 갈 때마다 노들강(한강)에 배다리를 설치하고 건넜는데, 강을 건넌 후에 잠시 어가를 머물게 하고 쉴 자리가 필요하여 작은 언덕에 행궁으로 지은 것이다.

용양봉저정이란 이름은 '용이 뛰놀고 봉이 높이 난다'는 뜻으로, 이 곳이 국왕이 잠시 머무는 행궁 구실을 하였으므로 곧 국왕 행차가 성대함을 뜻하는 것이다. 또, 여기서 휴식을 취하면서 점심을 들었기 때문에 일명 주정소라 부르기도 하였다.

▲한강에서 윈드서핑을 즐기는 시민들

 이 밖에도 한강변을 따라 지금의 광진구에는 낙천정, 화양정이 있었고, 동작구에는 세종 대왕 때 한성부윤과 우의정을 지낸 노한의 별장인 효사정이 있었다. 용산구 원효로에 있는 심원정은 임진왜란 때 왜군과 명나라 군이 전쟁을 끝내기 위해 교섭을 벌였던 역사의 현장이기도 하다.
 차는 강변로를 따라 어느새 뚝섬에 이르렀다.
 차창 밖을 내다보고 있던 정인이가 한강에 있는 보트들을 보더니 소리쳤다.
 "야아, 뚝섬이다! 아빠, 우리도 보트 타러 가요, 네?"
 "보트를 타고 싶다고? 그렇다면 주차장으로 가야겠는걸."

"아빠, 빨리 가요 빨리!"

주차장에 차를 멈추기도 전에 정인이가 재촉했다.

"그래. 오랜만에 팔운동을 해 볼까?"

나는 노 젓는 데는 자신이 있었다. 고등 학교 시절부터 보트 타는 것을 즐겨했기 때문이다.

겨울 바람이 차가웠지만 아이들은 전혀 내색을 하지 않았다. 우리는 선착장에서 플라스틱 보트 하나를 빌렸다.

내가 노를 힘차게 젓자 보트는 성큼 앞으로 나아갔다.

그 때 정인이가 오른손으로 자신의 코를 막았다.

"정인아, 왜 그러니?"

나는 이상해서 물었다.

"우웅, 강물에서 썩은 냄새가 나요."

정인이가 인상을 쓰며 말했다. 정인이는 유난히 냄새를 잘 맡았다. 밭에서 인분 냄새가 난다거나 누군가가 방귀를 뀌면 금방 알아차려 두 손으로 코를 막곤 했다.

"그래?"

나는 강물 가까이 코를 갖다 대고 냄새를 맡아 보았다. 아닌 게 아니라 향기롭지 못한 냄새가 풍겼다. 맑고 깨끗한 물에 손을 담그고 물장구를 치고 싶었는데 손을 넣기가 싫었다.

"아빠, 한강에서 왜 이런 냄새가 나요?"

이번에는 문희가 물었다.

"이건 모두들 물을 깨끗이 사용하지 않기 때문이야. 공장에서는 폐수를 방류하고 가축을 기르는 곳에서는 짐승들의 분뇨를, 각 가정에서는 생활하수를 마구 버리기 때문에 이런 거야. 옛날에는 한강물을 식수로 사용할 정도로 깨끗했는데……. 그리고 풀장 같은 것도 필요 없었어. 뚝섬의 넓은 백사장에서 아이들이 마음놓고 뛰어놀며 수영을 할 정도였으니까.”
“아빠, 옛날 어린이들은 좋았겠어요.”
정인이가 말했다. 나는 그 뜻을 몰라 되물었다.
“왜?”
“옛날에는 맑은 물에서 마음대로 놀 수 있었잖아요. 지금은 한강에서 물고기를 잡아도 먹을 수가 없잖아요. 더러운 물을 먹고 자란 물고기를 어떻게 먹겠어요?”
“정인이 말이 맞다. 그 동안 우리 국민들이 환경을 너무 돌보지 않아서 이런 결과를 가져온 거야. 하지만 지금부터 깨끗한 환경을 보존하기 위해 힘을 쓴다면 머지않아 옛날처럼 맑은 물을 되찾을 수 있을 거야. 한강은 서울 시민의 젖줄이야. 그러니까 우리 모두가 힘을 모아 한강을 되살려야 해.”
나는 아이들과 한강의 오염 문제를 이야기하다 하마터면 가장 중요한 이야기를 빼먹을 뻔했다.
“옛날에는 이 한강이 다목적으로 이용되었단다.”
“아빠, 다목적이 뭐예요?”
낱말의 뜻을 잘 모르는 정인이가 물었다.

"다목적이란 여러 가지로 쓰인다는 뜻이야."
"한강이 어떻게 여러 가지로 쓰여요?"
"아주 옛날의 한강은 사람들에게 먹는 물을 제공하기도 했지만 물고기를 잡는 어장이기도 했어. 그래서 사람들이 한강 주변에 모여 살게 된 거야."
정인이가 고개를 끄덕였다.
"그 후 인구가 늘고 상업이 발달하자 한강은 상업의 중심지로 변했어. 남쪽 지방이나 서울 이남에서 생산되는 물건을 장안으로 가져오려면 반드시 이 한강을 건너야 했던 거야.

▲인부들이 강물을 따라 한강 상류에서 운반해 온 뗏목을 뭍으로 나르고 있다.

그래서 나루터 주변은 장사꾼들로 북적거렸지. 그 당시 이 뚝섬나루에는 무엇이 많았는지 모르지?"
"몰라요."
두 아이는 합창을 하듯 똑같이 대답했다.
"뚝섬나루에는 뗏목이 많았어. 강원도에서 베어 온 나무들도 이 곳을 통해 한양으로 들어갔단다. 그리고 마포나루에는 인천 앞바다에서 잡아온 생선이나 새우젓 따위가 유명했지. 요즘같이 교통이 발달하지 못했던 옛날에는 한강을 통해 물자를 운반했던 거야. 말하자면 한강이 고속도로 역할을 한 셈이지."
"그럼 한강이 얼어 버리면 어떡하나요? 한겨울에 한강이 꽁꽁 얼어 버리면 배나 뗏목이 다닐 수 없잖아요."
문희가 텔레비전에서 옛날에 한강이 꽁꽁 언 것을 보여 준 장면을 생각해 낸 모양이다.
"그러면 또 좋은 일거리가 하나 생겼지. 배는 다니지 못하지만 사람들은 한강 위로 걸어가 두꺼운 얼음을 톱으로 잘라 내어 필요한 사람에게 파는 거야. 옛날에는 냉장고가 없어서 얼음이 귀했거든."
"아빠, 냄새나는 한강의 얼음을 누가 사 가요?"
정인이가 얼굴을 찌푸리며 말했다.
"그 때는 한강이 지금처럼 오염되지 않았어. 너희들 서빙고란 동네 이름 들어 봤니?"

▲ 40여 년 전만 해도 사람들은 겨울이면 한강에서 얼음을 떠냈다.

"글쎄요. 잘 모르겠어요."
"조선 시대에 지금의 용산구 서빙고동 파출소 근처에 서빙고가 있었어. 한겨울이면 얼음을 채취해서 서빙고에 저장해 두었다가 필요할 때 궁궐이나 높은 벼슬을 하는 관리들에게 공급하는 일을 맡아 보던 관아이지. 지금의 서빙고동 이름은 거기서 유래된 거란다."
"그럼 한강에서 얼음을 캤다는 거예요?"
"그래. 조선 시대에는 물이 맑고 깨끗했거든. 그러니까 한강에서 얼음을 잘라 내어 얼음 저장고에 쌓아 두었다가 더운 여름이면 사용했지. 서빙고 말고 동빙고도 있었어."
"아유, 그럼 보통 사람들은 한여름에 얼음을 구경도 못했겠어요."
"당연하지. 한여름에 얼음을 어디 가서 보니? 꿈도 꿀 수 없는 일이었지. 지금처럼 냉장고가 있는 것도 아니고."
"그럼 지금도 얼음을 저장하는 빙고가 있어요?"
"아니야. 1896년에 없어졌어. 그 일을 맡아 보던 관아도 지금은 남아 있지 않아."
"아유, 그런데 이게 뭐야? 그렇게 맑고 깨끗하던 한강물이 이 모양으로 더러워지다니……."
"사람들이 생각 없이 아무렇게나 오물을 버려서 그래. 가정

▼서울의 발전과 함께 해온 오늘의 한강

에서 사무실에서 공장에서 온갖 생활하수며 폐수를 쏟아 내니 한강이라고 별수 있겠니."

"그래도 사람들은 '한강의 기적'이니 뭐니 하면서 대한민국이 선진국으로 발돋음하고 있다고 하잖아요. 더구나 이 한강 물은 우리 서울 시민들이 마시는 상수원인데, 이렇게 오염되어서야 되겠어요."

"우리 모두가 한강을 깨끗히 하도록 노력해야지."

나는 한강 이야기를 두 아이에게 더 이상 들려줄 수 없었다. 반세기 전만 해도 한강의 얼음을 잘라 먹기도 했는데, 지금은 고약한 냄새가 진동하여 그런 얘기가 전설처럼 들리니까.

우리의 서울을 우리가 돌보지 않으면 누가 돌보겠는가. 환경 문제가 심각한 요즈음, 한강은 우리에게 많은 교훈을 주고 있다.

여의도와 한국의 미래

"지금 아빠가 어디로 가는지 알겠니?"
"63빌딩이요."
문희가 재빨리 말했다. 이제 문희는 서울의 지리를 어느 정도 익힌 것 같았다. 원효대교에 들어서자 우뚝 솟은 63빌딩이 첫눈에 들어왔다.
"그 말은 맞기도 하고 틀리기도 해."
"에이, 그런 대답이 어딨어요?"
"지금 가는 곳이 63빌딩이 아니라 여의도로 가는 중이야. 63빌딩이 여의도에 있으니까 맞는 말이기도 하지만 정확히 말해서 지명은 아니잖아."
"아빠, 우리 자전거 타러 가요."
"성인이는 '여의도' 하면 자전거가 떠오르는 모양이지?"
"아니에요. 유람선도 생각나요. 아빠, 태워 주세요, 네?"

▼우리 나라에서 제일 높은 63빌딩

정인이가 떼를 썼다.

"좋다, 기분이다. 그 대신 여의도를 한 바퀴 돌면서 아빠의 이야기를 마친 후에 가는 거다."

"아빠, 빨리 여의도 이야기를 시작하세요."

두 아이는 한시라도 빨리 자전거를 타고 싶어서 이야기를 재촉했다.

여의도는 예전의 잠실과 마찬가지로 한강 속에 있는 작은 섬이다. 잠실은 강물을 막고 제방을 쌓아 육지로 만들었지만 여의도는 지금도 섬인 채로 남아 있다.

▲여의도 공원 안에 있는 자전거 대여소

▲ **국회 의사당** : 24개의 화강암 기둥에 가운데는 반구형의 돔으로 되어 있다.(1975년 9월 1일 준공)

　지금의 여의도에는 국민을 대표하여 나랏일을 돌보는 국회 의사당이 들어서 있고, 63빌딩이 한국민의 자존심을 대표하고 있다.

　여의도는 한강의 퇴적 작용으로 모래가 오랜 세월 쌓이고 쌓여서 이루어진 섬이다. 조선 시대에는 말을 먹이는 말 목장이 있었던 곳이다.

　여의도는 일제 시대까지만 해도 아무 쓸모없는 땅이었다. 가난한 농부가 양이나 말 따위를 기르는 보잘것없는 목장지였다. 땅이 거칠어서 농사도 잘 안 되었기 때문이다.

지금 국회 의사당이 있는 자리에는 양미산이라고 하는 작은 야산이 있었다. 그러던 여의도가 달라지기 시작한 것은 비행장이 들어서면서부터였다.

당시 일본은 우리 나라를 점령한 후 중국으로 진출하기 위해 용산에 많은 군대를 주둔시켰다. 그러나 비행장이 없었다. 조선 사람은 비행기가 무엇인지조차 모를 때였으니 비행장이 있을 리 만무했다.

"조선에다 비행장을 만들어야 해요. 대일본 제국이 중국과 전쟁을 하려면 비행기가 없어서는 안 됩니다. 물자를 나르거나 적을 공격하기 위해서도 비행기의 막강한 힘이 필요합니다. 그런데 조선에는 비행장이 없어요."

"그렇소. 내가 보기에도 여의도에 비행장을 만들면 좋을 것 같습니다. 우리 일본군이 용산에 집결해 있으니 연락하기에도 좋구요. 게다가 허허벌판이니 단시일에 비행장을 만들 수 있겠어요."

"좋소. 그럼 여의도에다 비행장을 만들 계획을 서둘러 세워 보시오."

일본은 이렇게 하여 여의도에 비행장을 만들었다.

여의도 비행장은 조선의 아이들에게 꿈과 희망을 심어 주었다. 그 당시만 하더라도 사람이 하늘을 날 수 있다는 것은 상상하지도 못한 때였으니까. 아이들은 커다란 쇳덩이가 하늘을 나는 것을 구경하기 위하여 여의도의 비행장으로 구름같이 몰려들었다.
"우와, 저것 봐라! 하늘을 새처럼 날아간다!"
"난 이담에 커서 비행기 조종사가 될 테야. 하늘을 마음대로 날 수 있다고 생각해 봐. 정말 근사할 거야."
"나도 비행기 조종사가 될 수 있을까?"
"그렇게 되려면 공부도 많이 해야 한대."
아이들은 하늘에 날아다니는 비행기를 보며 장래의 꿈을 다지기도 했다.
일본은 조선을 침략한 후 중국과 러시아를 상대로 전쟁을 벌였다. 두 전쟁에서 이긴 일본은 드디어 나치 독일, 이탈리아와 연합하여 제2차 세계 대전을 일으켰다.
그러나 계속 승리할 줄 알았던 일본은 태평양 전쟁에서 미국에게 크게 패했다. 미국이 일본의 나가사키와 히로시마에 원자폭탄을 떨어뜨린 때문이다. 그러자 일본은 무조건 항복하였다. 이로써 36년간 일본의 식민지였던 우리 나라도 독립을 맞이하게 되었다.
해방이 되자 여의도는 우리 나라의 유일한 국제 공항으로 발전했다. 그래서 '마포 종점'이란 유행가 가사에 이런 귀절이 있다.
'강 건너 비행장엔 불빛만 아련한데……'
마포에서 강 건너 여의도 비행장의 불빛을 보고 이런 노래 가사가 탄생한 것이다.

▲ 여의도에서 바라 본 밤섬–밤섬은 생태보전지역으로 지정돼 일반인의 출입이 금지되어 있다.

그러나 여의도 공항은 발전해 가는 대한민국의 국제 공항이 되기에는 비좁았다. 국력의 신장과 더불어 더 큰 공항이 필요해진 것이다.

1958년 김포 국제 공항이 완성되자 여의도는 쓸쓸한 공항이 되어 버렸다. 그러던 중 1968년, 서울시에서는 여의도를 대대적으로 개발할 계획을 발표했다. 그리하여 양미산을 헐어 윤중제를 쌓고 그 자리에 국회 의사당을 짓고 넓은 광장도 만들고 당시로는 동양 최고의 63빌딩도 세우겠다고 했다.

그리하여 서울시는 착공한 지 100일 만에 윤중제를 완공했다. 윤중제란 강 가운데 있는 섬 둘레를 빙 둘러가며 둑을 쌓는 것을 말한다.

그 때 문희가 손으로 작은 섬 하나를 가리키며 물었다.
"아빠, 저기 서강대교 밑에 보이는 조그만 섬은 뭐예요?"
"아빠, 숲이 무성해요. 새들이 나는 것도 보여요."
정인이도 조금 흥분된 목소리로 말했다.
"저건 밤섬이야. 섬 모양이 밤처럼 생겼다고 해서 그렇게 부르게 되었다는구나."
밤섬은 서울 특별시 영등포구 여의도동에 딸린 작은 섬이다. 철새 도래지로 유명하며, 마포대교 하류 쪽 서강대교가 통과하는 지점에 있다.
"저 섬에는 집들이 안 보이는데, 무인도가 맞죠?"
"그렇단다. 하지만 예전에는 사람들이 살았어. 고기도 잡고, 배도 만들고, 뽕나무도 심고, 염소를 키우면서 사람들이 살았단다."
"그런데 어쩌다 지금은 무인도로 변했지요?"
"여의도를 개발할 때 윤중제를 쌓는 데 필요한 돌을 채취하느라고 섬을 폭파해 버렸어. 그래서 밤섬의 대부분이 없어져 버렸단다."
"그런데 섬이 두 개처럼 보이는데요."
"그건 섬의 중심부를 집중적으로 파헤치는 바람에 윗밤섬과 아랫밤섬으로 나누어져서 그래."
"어머나! 그럼 거기 살던 사람들은 어떻게 되었어요?"
"그 이전까지 62세대가 살았는데, 섬을 폭파해 여의도를 개발하느라고 강 건너 마포구 창전동으로 이주시켰지."
"마을이 제법 컸겠어요?"
"그래. 조선 시대에도 사람들이 살고 있었어. 정조 임금님 때 나온《대동지지》,《용재총화》등에도 기록이 있어. 1914년에 행정 구역이 개편되면서 여의도와 함께 경기도 고양군 용강면 여율리로 바뀌었지. 1933년말 조사 자료에 의하면 여율리에는 일본인이 1집, 한국인이 101집 있었는데, 모두 밤섬에서 살았대."
"아빠, 밤섬에 들어가 볼 수 있어요?"
정인이가 묻자 문희가 이내 어림없다는 듯 내뱉었다.
"한강물이 깊을 텐데 어떻게 가니?"
"배 타고 가면 되지. 안 그래요, 아빠?"
"안 돼. 밤섬은 지금은 자연 생태 보전 지역으로 지정되어서 사람이 들어갈 수 없어. 대신 철새들을 볼 수 있도록 한강 조망대를 설치해 놓았단다."
"철새들이 많이 모여드는가 보죠?"
"그렇단다. 천연기념물인 원앙 1종과 밤섬에서 번식하는 흰뺨검둥오리·개개비·해오라기·꼬마물떼새 등이 살고 있고 철새 5,000여 마리가 해마다 찾아온대. 또, 버드나무·갯버들·용버들·물억새 같은 식물도 자라고, 붕어·잉어·뱀장어·누치·쏘가리 등이 서식하고 있다는구나."
"사람이 드나들지 않으니까 새들이 보금자리를 틀고 사는가 봐요."

"그래. 수십 년간 사람들의 발길이 닿지 않아 나무와 풀이 우거져서 도시 한가운데 철새들이 날아드는 철새 도래지가 되었단다. 특히 윗밤섬의 만처럼 생긴 호안은 새들의 보금자리가 되었어. 사람의 발길이 닿지 않으니까 새들이 안심하고 자손을 늘려가며 사는 거야. 새들이 살기에는 아주 훌륭한 곳이지."

"아빠, 여기서 이렇게 있지 말고 어서 전망대가 있는 곳으로 가요. 망원경으로 새들의 모습을 보고 싶어요."

정인이의 성화에 나는 아이들 손을 잡고 전망대 쪽으로 발길을 돌렸다.

아이들은 전망대에 올라 초록 숲으로 우거진 밤섬을 샅샅이 훑어보듯 살펴보았다. 그리고 21세기 첨단 문명과 사람의 발길이 닿지 않는 자연 그대로의 작은 섬이 가까이에서 마주하고 있다는 사실에 놀라워했다.

개발을 시작한 지 30여 년이 흐른 지금 여의도는 대한민국의 심장부로 변했다. 국회 의사당, 텔레비전 방송국, 증권 회사, 아파트 등이 어우러져 빌딩 숲을 이루고 있다.

한강에는 유람선이 떠다니고, 넓은 여의도 광장에는 자전거와 롤러스케이트를 타는 아이들로 만원이다. 대한민국의 맨해튼이 된 것이다. 여의도는 우리 민족의 번영을 말해 주는 상징이기도 하다.

▲여의도 공원은 시민들이 산책을 하거나 편안히 쉴 수 있게 조성되었다.

　서울은 과거 600년 역사를 지나오면서 고난과 시련을 많이 겪었다. 하지만 21세기의 서울은 달라져 있다. 지금 서울은 세계 속의 서울로 힘찬 용트림을 하고 있다.

　서울의 역사가 곧 대한민국의 역사라 해도 지나친 말은 아닐 것이다. 우리가 살고 있는 21세기는 아시아의 시대이다.

　우리는 서울의 역사를 알고, 그것을 바탕으로 미래를 개척해 나가는 지혜로운 대한민국의 당당한 국민이 되어야 하겠다.